本书系国家社会科学基金“十二五”规划2014年度教育学重点课题“教育信息化与大型开放式网络课程（MOOCs）战略研究”（课题批准号：ACA140009）专著成果

The Series of
Chinese Education
Research

中国教育研究丛书

教育信息化与慕课发展战略研究

林世员　郑勤华　著

北京师范大学出版集团
BEIJING NORMAL UNIVERSITY PUBLISHING GROUP
北京师范大学出版社

前　言

教育信息化是一个国际性命题，世界各国尤其是发达国家纷纷制定了促进国家教育信息化发展的策略或战略规划。根据对各国战略规划的分析，推动教育系统性变革是国际教育信息化的价值取向。

1999年6月，中共中央、国务院在发布的《中共中央国务院关于深化教育改革全面推进素质教育的决定》中提出“大力提高教育技术手段的现代化水平和教育信息化程度”，这是“教育信息化”一词首次出现在党和政府的文件中。经过长期实践发展，我国教育信息化发展水平逐渐提高，对教育教学改革创新的支撑力度逐步增强。2010年发布的《国家中长期教育改革和发展规划纲要(2010—2020年)》提出“信息技术对教育发展具有革命性影响，必须予以高度重视”，这使我们对现代信息技术与教育改革发展之间的关系有了更加深刻的认识。2015年7月，国务院印发《国务院关于积极推进“互联网+”行动的指导意见》，提出以互联网为基础设施和创新要素来“探索新型教育服务供给方式”，这使我们对革命性变革有了进一步的认识。2018年4月，教育部发布《教育信息化2.0行动计划》，提出了“努力构建‘互联网+’条件下的人才培养新模式、发展基于互联网的教育服务新模式、探索信息时代教育治理新模式”的基本目标。中国的教育信息化在“信息技术对教育的革命性影响已初步显现”的环境下，发展方向和路径更加明确，这使我们对推动教育革命性、系统性变革更有信心。

教育信息化是一个过程，通常会经历起步、应用、融合和创新四个阶段。慕课(MOOCs)是融合阶段的典型实践，其在人才培养模式、教育服务模式两个维度的创新为构建网络化、数字化、智能化、个性化、终身化的教育体系提供了相对清晰的实践路径。我国教育信息化如何顺应以 MOOCs 为代表的在线教育发展潮流，重新设计“互联网+”时代的教育信息化发展战略，推动教育信息化从起步和应用阶段向融合和创新阶段发展，这是教育信息化顶层设计中必须要回答和解决的问题。实现由“教育+互联网”向“互联网+教育”的转变，构建数字化时代的教育体系，创新教育的服务模式、治理模式与人才培养模式，这是“互联网+”时代以教育信息化推动教育现代化的核心命题。

本书从我国教育信息化发展现状和阶段特征出发，基于对国内教育信息化政策的深入调查分析，探索了教育信息化新阶段尤其是“互联网+”时代教育信息化研究与实践的三个主要领域，以及“互联网+教育”的创新本质与变革趋势。本书采用战略研究和系统设计的范式，全面展现利用 MOOCs 所构建的新型教育体系的蓝图，并从教与学模式、服务模式、资源建设、技术支撑、质量保证、学习评价等维度，全方位揭示其发展方向、发展路径和制度保障。

希望本书能够在教育信息化的新阶段，基于现代信息技术的教育综合蓝图的绘制，对我国教育信息化与 MOOCs 的发展战略研究，以及改革路径的选择有所助益。本书尚有不完善之处，欢迎大家批评指正。

2018 年 7 月

目录

第一章　教育信息化的内涵与我国教育信息化进展

教育信息化是教育现代化的必经之路，是建设学习型社会、构建终身教育体系的保障。教育信息化是一个国际性命题，世界各国都充分意识到教育对国家发展的重要性，意识到教育在整个国民经济中占有的重要地位。随着信息技术的发展，各国都致力于有效利用信息技术提高教育水平，发达国家纷纷制定了促进国家教育信息化发展的策略或战略规划。从各国的战略规划、研究及相关分析可以看出，推动教育变革是国际教育信息化的价值取向，即教育信息化的根本目的是推动教育变革，进而使教育满足信息时代对人才培养目标、培养模式、教育组织管理模式和服务模式的要求。

以教育信息化带动教育现代化是中国教育信息化和教育改革发展的重要战略。中国的教育信息化始于 20 世纪 80 年代，经过几十年的发展，中国教育信息化获得了快速发展，已经度过了起步阶段，进入应用、融合阶段，并在个别领域出现了创新现象。

一、教育信息化的内涵与认识

教育信息化是一个复杂的概念，它与社会政治、经济、文化等联系密切。教育信息化指在教育领域全面深入地运用现代信息技术来促进教育改革与发展的过程。教育信息化有双重目的：一是把提高信息技术能力和素养纳入教育目标，培养适应信息社会的人才；二是把信息技术手段有效应用于教育教学，注重教育信息资源的开发和利用，推动教育教学的改革。在现代信息技术高速发展并对人类生活和工作方式产生深刻影响的今天，教育信息化的内涵是否有了新的指向，这是一个值得探讨的问题。

教育信息化是一个历久弥新的话题，也是一个颇有争议的话题，这充分体现在不同国家教育信息化的价值追求和实践导向上。在由现代信息技术支撑的教育现代化进程中，各国的教育信息化实践有着一定的差异，教育信息化推动的教育教学改革的价值追求也在不同国家之间呈现出较大的异质性。这也导致在信息时代各行各业创新迭出，新形态、新业态不断出现的今天，教育的变化相对落后，技术似乎没有使教育变得更好，相反，却增加了财政负担和教师的工作负担。对信息化与教育改革“两张皮”的质疑一直不绝于耳，这使许多决策者、管理者和教师产生动摇、陷入纠结。

联合国教科文组织（UNESCO）把教育信息化过程分为起步、应用、融合、创新四个阶段。虽然教育信息化的不同阶段有不同的任务，但教育信息化的价值追求在不同阶段是一以贯之的，那就是以现代信息技术为支撑，推动教育整体变革，构建新型教育体系。这一教育信息化的核心理念和价值追求应该成为各国教育信息化的宗旨和原则。而之所以早期出现单纯注重硬件建设、资源开发和传统教育教学改革等现象，一部分是因为教育信息化的发展阶段和程度的限制，但更为根本的原因是人们缺乏系统的思考，没有充分意识到教育信息化所具有的高度复杂性及其对教育与学习的深刻影响，把教育信息化孤立、片面地理解为信息技术在教育领域内的机械应用和推广，而不是在信息技术环境下重新规划、设计教育和学习。

《国家中长期教育改革和发展规划纲要（2010—2020年）》明确指出“信息技术对教育发展具有革命性影响，必须予以高度重视”，但人们对“革命性影响”的理解却有着不同的层面。教育部2012年3月颁布实施了《教育信息化十年发展规划（2011—2020年）》，这一规划对“革命性影响”的理解和设计依然是在既有教育框架内完善传统教育，并没有进一步认识到现代信息技术在教育组织模式、教育服务模式等方面对既有教育的影响，也没有认识到以现代信息技术为支撑构建新型教育体系的可能。随着信息技术对教育革命性影响的初步显现，实践的创新发展不断更新着人们的认知水平。2018年4月，教育部发布了《教育信息化2.0行动计划》，在“基本目标”中提出了“努力构建‘互联网+’条件下的人才培养新模式、发展基于互联网的教育服务新模式、探索信息时代教育治理新模式”，大大突破了既有教育的框架，开始着眼于“互联网+”时代新型教育体系的构建，以及在这一体系中对教育服务模式、教育治理模式、教育教学模式的探索。

对新时代教育信息化内涵的深刻把握，是我们基于现代信息技术服务教育综合改革、构建人民满意的教育的基本起点。

二、国际教育信息化发展趋势与价值取向

教育信息化是国家信息化的重要途径，是教育现代化的必经之路，是建设学习型社会、构建终身教育体系的保障。各国都充分意识到教育对国家发展的重要性，意识到教育在整个国民经济中占有的重要地位。随着信息技术的发展，各国都致力于有效利用信息技术提高教育水平，纷纷出台相关战略规划和政策文件来加速教育信息化，推动教育改革的进程，进而整体提升教育发展水平。如美国2010年的国家教育技术计划(NETP 2010)，日本2010年发布的《教育信息化指南》，英国高校联合信息系统委员会（Joint Information Systems Committee，JISC）2009年发布的《JISC 2010—2012年战略》，等等。

20世纪60年代，美国的教育信息化拉开帷幕。基于技术的教育改革是美国在全球经济竞争中保持领先的最为根本的措施。美国政府每5年左右就会更新一次关于国家教育技术的发展规划，1996—2016年美国共公布了5期国家教育技术计划，为不同时期美国教育技术的发展指明了方向、重点和策略。1996年，美国教育部教育技术办公室发布了第一期国家教育技术计划《使美国学生为进入21世纪做好准备：迎接技术素养的挑战》（Getting America's Students Ready for the 21st Century：Meeting the Technology Literacy Challenge），明确提出电脑是美国教育的新基石，互联网将是未来的黑板，并提出了包括提升教师应用信息技术实

施教学的水平在内的 4 个目标。2000 年，美国教育部教育技术办公室发布了第二期国家教育技术计划《数字化学习：让所有的孩子都能随时随地得到世界一流的教育》（E-Learning：Putting a World-class Education at the Fingertips of All Children），明确提出数字内容和网络应用将变革教与学，这也是这期国家教育技术计划的 5 个发展目标之一。2004 年，美国教育部教育技术办公室发布了第三期国家教育技术计划《走向美国教育的黄金时代：网络、法律和当今的学生如何变革着对教育的期待》（Toward a New Golden Age In American Education：How the Internet, the Law and Today's Students are Revolutionizing Expectations），该计划明确批评了学校在应用信息技术推进教育教学改革方面的不足，指出在探索并利用技术所提供的机会方面，美国的学校普遍落后于社会其他领域，技术已经戏剧性地改变了学校之外的世界，而教育成为仍在讨论技术是否有用的唯一领域，教育整体依然没有发生任何变革。因此，该计划提出了应用技术推动教育系统变革的 7 个主要行动步骤和建议，并判断通过专业教师、管理者、家长和学生们的共同努力，技术推动的教育系统性变革正在发生。2010 年，美国教育部教育技术办公室发布了第四期国家教育技术计划《改革美国教育：技术推动的学习》（Transforming American Education：Learning Powered by Technology），鲜明地提出要对教育系统进行革命性变革而不是渐进式改良，敦促各级教育体系依托技术重新设计教育结构和过程，使教育体系更具灵活性和有效性。2016 年，美国教育部教育技术办公室发布了第五期国家教育技术计划《为未来做准备的学习：亘塑技术在教育中的角色》（Future Ready Learning：Reimagining the Role of Technology in Education），提出技术是变革学习的强有力工具，技术可以帮助稳定与发展教师和学生之间的关系，能够重塑学习和协作的方法，减少教育不公和资源获得上的差距，以及提供满足所有学习者需求的学习经验。正是基于对技术变革教育与学习的重要性认识，该计划号召领导者、教师、教育工作者、研究人员、政策制定者、投资者、技术开发人员、社区成员和组织、学习者及他们的家人等教育利益相关者合作使用技术以提升美国教育。从以上 5 期美国国家教育技术计划可以看出，美国对技术在教育中的应用有了清晰的认识，尤其从第四期开始，关注点从技术是否应该被应用于教育转到技术如何确保所有学生都能够拥有高质量的教育经验。

英国高校联合信息系统委员会在2009年发布《JISC 2010—2012年战略》，确定了本国教育信息化优先发展的领域。新加坡分别于1996年、2003年和2009年发布了教育信息化一期、二期和三期规划。一期规划注重推进信息技术在学校教育教学中的使用；二期规划则强调将信息技术融入新教学体系，通过改造学校的文化推动和支持学生思考学习。韩国自1996年起共发布了4期教育信息化行动计划。韩国政府不仅制定了包含教育信息化在内的综合信息化推进政策，而且制定了专门的教育信息化推进政策。这些政策不仅涉及大中小学的教育目标、教育内容、教育方法和教育技术的信息化，还涉及教师的信息化培训、教育信息服务网站的建设、教育行政的信息化；不仅有法律和制度上的保证，还有物质和财政上的支持。日本于1991年发布《信息教育指南》，1997年发布《教育的信息化工程》，2000年发布《信息化教育立国工程》，2010年发布《教育信息化指南》。日本教育信息化的一个突出特点是培养学生运用信息技术的能力，使学生适应信息社会的生活。

除各国政府对教育信息化持续关注且大力推动外，一些国际组织也致力于推动教育信息化的发展。UNESCO提出要让世界上的所有人都能利用信息与通信技术（ICT）来学习并完善自己。长期以来，UNESCO致力于推动落后地区的ICT教育应用项目，其分布在全球各地的分支机构也面向当地开展有关ICT促进教育发展的相关项目及活动。2013年5月，由UNESCO召开的非洲网络教育国际会议发布了《2012年非洲网络教育报告》，指出了ICT是如何被公认为改变非洲教育面貌的重要因素的。此外，UNESCO还开展了“移动学习政策指导”项目，制定了相关政策，指导、促进发展中国家的政策制定者关注移动学习并采取相应措施。另外，2010年，经济合作与发展组织（OECD）发布了题为《教育中的一对一：当前的实践、国际比较研究证实及政策启示》的研究报告，对之前一段时间发达国家及发展中国家所推动的一对一教育项目进行了国际比较研究。

从各国和国际组织的战略规划、研究及相关分析可以看出，推动教育整体变革是国际教育信息化的价值取向，即教育信息化的根本目的是推动教育变革，努力构建信息时代的教育组织和服务体系，进而使教育满足信息时代对人才培养目标、培养模式、教育组织管理模式和服务模式的要求。我国教育信息化的发展只有重视这些变革，才能进入深度融合阶段。应打通学校教育、社会教育、企业培训等教育组织形式，使传统教育和在线教育深度融合，创新教育体制和机制，构建一个开放的教育生态体系，从而破解教育改革和发展中的难题，提升教育质量，促进教育均衡，支撑终身学习和学习型社会战略目标的实现。

三、中国教育信息化战略进展

“教育信息化”一词首次出现在我国政府文件中是在 1999 年 6 月，《中共中央国务院关于深化教育改革全面推进素质教育的决定》颁布，该决定在第 15 条中提出“大力提高教育技术手段的现代化水平和教育信息化程度”。其实在“教育信息化”作为国家战略被正式提出之前，我国的教育信息化实践早已展开，多样化的电化教育和计算机辅助教育已经在各级各类教育中得到了不同程度的探索和应用。在 20 世纪末，由于我国现代信息技术的发展与深化教育改革的客观需求交相呼应，教育信息化作为国家信息化战略之一被正式提出来。2006 年 3 月出台的《2006—2020 年国家信息化发展战略》提出“提升基础教育、高等教育和职业教育信息化水平”；“国民信息技能教育培训计划”作为信息化发展的战略行动之一也被提出，明确要求：“在全国中小学普及信息技术教育，建立完善的信息技术基础课程体系，优化课程设置，丰富教学内容，提高师资水平，改善教学效果。推广新型教学模式，实现信息技术与教学过程的有机结合，全面推进素质教育。”2016 年 7 月，中共中央办公厅、国务院办公厅再次印发《国家信息化发展战略纲要》，根据新形势对《2006—2020 年国家信息化发展战略》进行了调整和发展，“推进教育信息化”被再次提出。

1. 我国教育信息化的发展历程

1998 年 12 月，教育部《面向 21 世纪教育振兴行动计划》提出以现有的中国教育和科研计算机网（CERNET）示范网和卫星视频传输系统为基础，进一步扩大中国教育科研网的传输容量和联网规模；改造现有广播电视教育传输网络，建设中央站，并与中国教育和科研计算机网进行高速连接，进行部分远程教育办学点的联网改造；2000年，争取使全国农村绝大多数中小学都能收看教育电视节目。

1999年6月，《中共中央国务院关于深化教育改革全面推进素质教育的决定》提出，国家支持建设以中国教育和科研计算机网和卫星视频系统为基础的现代远程教育网络，加强经济实用型终端平台系统和校园网络或局域网络的建设；使教育和科研计算机网进入全部高等学校和骨干中等职业学校，逐步进入中小学。

2001年7月，教育部制定的《全国教育事业第十个五年计划》提出了教育信息化工程目标：到2005年，全部高等学校、高中阶段学校和部分初中、小学均能连接国际互联网；普及九年义务教育的地区，每所中小学都应设立计算机教室，全国农村绝大多数中小学能够收看教育电视节目。

2004年2月，教育部颁布的《2003—2007年教育振兴行动计划》提出实施“教育信息化建设工程”。该工程包括两项任务：一是加快教育信息化基础设施、教育信息资源建设和人才培养，构建教育信息化公共服务体系，建设硬件、软件共享的网络教育公共服务平台；二是全面提高现代信息技术在教育系统的应用水平，普及信息技术在各级各类学校教学过程中的应用，为全面提高教学和科研水平提供技术支持。

2006年，中共中央办公厅、国务院办公厅印发《2006—2020年国家信息化发展战略》，在“我国信息化发展的战略行动”中提到要推广新型教学模式，实现信息技术与教学过程的有机结合。

2007年5月，国务院批转了《国家教育事业发展“十一五”规划纲要》，提出要实现信息技术与教育教学的有机结合。

2010年，《国家中长期教育改革和发展规划纲要（2010—2020年）》印发，明确指出“信息技术对教育发展具有革命性影响，必须予以高度重视”，并把教育信息化纳入国家信息化的整体战略。这一文件对教育信息化提出了三项战略部署：一是加快教育信息化基础设施建设，二是加强优质教育资源的开放与应用，三是构建国家教育管理信息系统。

2012 年 3 月，教育部发布了我国第一个教育信息化规划《教育信息化十年发展规划（2011—2020 年）》，总体部署了我国教育信息化的发展，明确了十年中教育信息化的发展目标和十大发展任务，制订了行动计划。在强调基础设施建设的同时，强调要实现信息技术与教育的融合发展，其对教育改革和发展的支撑与引领作用充分显现。

2012 年 9 月，教育部组织召开了第一次全国教育信息化工作电视电话会议，确立了全国教育信息化工作的七大重点任务，提出教育信息化要着重推进信息技术与教育教学的全面深度融合。

2013 年 11 月，党的十八届三中全会通过了《中共中央关于全面深化改革若干重大问题的决定》，提出构建利用信息化手段扩大优质教育资源覆盖面的有效机制，逐步缩小区域、城乡、校际差距。

2015 年 4 月，为应对大型开放式网络课程（即慕课，MOOCs）的快速发展及其对教育变革的深层影响，《教育部关于加强高等学校在线开放课程建设应用与管理的意见》颁布，总体部署在线开放课程的建设、应用与管理。

2015 年 7 月，《国务院关于积极推进“互联网＋”行动的指导意见》发布，提出要探索新型教育服务供给方式，探索基础教育、职业教育等教育公共服务的新方式，加快推动高等教育服务模式变革。这为我国教育信息化指明了新的战略方向。

2015 年 11 月，第二次全国教育信息化工作电视电话会议召开，明确提出要把互联网和信息技术发展的新成就转化为教育发展与创新的驱动力，要构建起信息时代的现代化的教育体系；并认为教育信息化不能被简单地理解为教育的技术手段和装备的现代化，它涉及教育理念、教育体制、人才培养模式、教育教学方法和内容等多个方面。

2018 年 4 月，教育部发布了《教育信息化 2.0 行动计划》，明确提出在信息技术对教育发展的革命性影响初步显现的条件下，我国教育信息化的逻辑是要构建数字化时代的教育新体系，教育信息化的价值追求在于推动教育观念更新、模式变革、体系重构，构建网络化、数字化、智能化、个性化、终身化的教育体系，建设人人皆学、处处能学、时时可学的学习型社会，实现更加开放、更加适合、更加人本、更加平等、更加可持续的教育。

2019 年 2 月，中共中央、国务院印发了《中国教育现代化 2035》，明确了“加快信息化时代教育变革”的战略任务，提出要建设智能化校园，探索新型教学方式，创新教育服务业态，推进教育治理方式变革。从这份文件对教育信息化的定位可以看出，我国教育信息化的战略定位开始转向信息时代背景下的教育变革。

从以上对我国教育信息化发展历程的梳理可以看出：从 20 世纪 90 年代末到 2004 年，我国教育信息化的主要任务是基础设施建设，教育信息化整体处于起步阶段；2004 年起，我国教育信息化开始注重信息技术在教育教学中的应用，并从更为宏观的教育层面来认识教育信息化推动的教育变革；2010 年起，信息技术与教育的融合成为我国教育信息化的战略方向，我国教育信息化在注重应用的基础上开始向融合阶段过渡；2015 年起，以通过“互联网＋”探索新型教育服务供给方式的提出为标志，我国教育信息化开始从推动教育组织模式和服务模式变革的视角重新认识现代信息技术对教育的影响。

2. 我国教育信息化发展的现阶段特征

从 20 世纪 80 年代我国教育信息化萌芽，到 1999 年教育信息化的概念首次在中央文件中出现，再到 2012 年首个教育信息化国家规划出台，我国教育信息化随着国家信息化战略的推进不断前行。可以说，我国教育信息化整体上已经度过起步阶段，处于应用阶段，并向融合、创新阶段发展，呈现出起步、应用、融合三阶段叠加的特点，具体表现为部分地区和领域还处在加强基础设施建设的起步阶段，而在个别领域出现了融合乃至创新的趋势。这是我国教育信息化发展的现阶段特征，也是制定我国教育信息化战略的基本出发点。

自 20 世纪 90 年代以来，我国实施的一系列重大工程和政策措施为教育信息化发展奠定了坚实基础。尤其是从《国家中长期教育改革和发展规划纲要（2010—2020 年）》和《教育信息化十年发展规划（2011—2020 年）》实施至今，我国的教育信息化工作已取得了一些重要成果：“三通两平台”建设持续深入推进；现代远程教育工程早已启动，建成了在线教育体系；教育信息化产业群已经形成，在线教育的技术储备足够强；数字化学习资源不断丰富，信息化教学应用不断拓展和深入；教育管理信息化成效初显；网络远程教育对构建学习型社会和终身学习体系发挥了重要作用。

虽然我国教育信息化建设已经取得一些成就，但推动教育信息化的任务依然紧迫且艰巨：大众对教育信息化在教育改革中的支撑和引领作用的认识有待深化，数字教育资源共建共享的有效机制与意识尚未形成，推进优质资源共享、推动高等教育大众化的任务非常艰巨，在线教育的质量保证体系和成果认证制度尚未健全，等等。如何推动教育信息化加速向应用和融合阶段发展，以促进教育公平、提高教育质量、创新教育模式，这是我国现阶段教育信息化的难题。

以教育信息化推动教育革命性变革的道路依然十分漫长。尽管政策文件强调技术和教育的融合与创新，但教育信息化实践工作的开展离融合与创新还较远，没有触及并深入教育组织体系的变化。北京师范大学黄荣怀等人认为，要实现这一变革，需要在顶层设计中统一对教育组织方式变革这一战略高度的认识，协调各方负责的利益关系，整合各方面资源，在已有体制和机制导致的条块分割间打通绿色通道的同时，破解各级各类教育改革和发展中的难点问题，提升教育质量，促进教育均衡，支撑终身学习和学习型社会战略目标的实现。在教育领域，技术绝不能仅用于完成现有的模式和方法，而要推动技术时代的教育革新。技术的革新必然要对教育思想、教育模式、教育方法、教育组织体系等都产生意义深远的颠覆性的影响。教育信息化是包括教育制度变革在内的教育的通盘变革。①

"互联网＋"战略的提出及信息时代的到来，对人类社会产生了广泛而深刻的影响，一系列新型商业模式、服务模式呈现出信息技术支撑下创新的生命力。教育系统作为社会的子系统，同样也面临着巨大的变革可能和变革需求，必须在"互联网＋"时代，重新认识教育信息化的内涵、发展趋势、阶段特征，形成立足互联网时代、体现互联网思维的革

---

① 黄荣怀、张进宝、胡永斌等：《智慧校园：数字校园发展的必然趋势》，载《开放教育研究》，2012 (4)。

命性教育发展战略。只有这样，教育信息化才能从根本上系统性地推动教育领域的变革，形成更加开放、便捷的教育体系，为“互联网＋”时代的学习者服务。

第二章　新阶段教育信息化的主要问题域

党的十九大报告提出了我国发展新的历史方位——中国特色社会主义进入了新时代，这包含着我国教育信息化进入的新阶段。教育信息化的新阶段主要体现在三个方面：一是我国教育信息化发展正从起步、应用阶段向融合、创新阶段发展，尽管存在着起步、应用、融合三阶段叠加的现象，但我国教育信息化整体上已经度过起步阶段，在广泛应用的基础上，推动教育教学与信息技术的深度融合与创新；二是教育信息化在教育现代化中的地位进一步明确并提升，随着“互联网＋”战略的提出及《教育信息化2.0行动计划》的发布，教育信息化已经成为教育现代化的基本内涵和显著特征，“没有信息化就没有现代化”赋予了教育信息化在教育现代化中的极高的战略地位；三是教育信息化面临的教育发展环境发生了深刻变化，发展环境的变化集中体现在我国教育主要矛盾的变化，使教育信息化的主要任务发生了转变。正是由于以上三个方面，新阶段教育信息化关注的主要问题和实践的主要路径需要被重新厘定。

一、新阶段我国教育主要矛盾的变化

从人类社会发展的角度看，受生产力变化的影响，人类教育经历了从原始社会的个别教育走向个性化的农耕教育以及从个性化的农耕教育走向班级授课式的规模化教育这两次大的教育变革。①近年来随着互联网、人工智能、物联网等新兴技术的飞速发展，人类教育正在发生第三

① 周洪宇、鲍成中：《扑面而来的第三次教育革命》，载《辽宁教育》，2014（16）。

次革命性的变化——从班级授课式、标准化教育走向灵活、多样、开放、终身的个性化教育。这种变化不是传统意义上的改良，而是生产力引发的根本性变化，虽然与商业领域、金融领域翻天覆地的变化相比，教育领域的变革略显缓慢，但这种生产力的变化已然吹响了第三次教育变革的号角。

与原始社会的个别教育、农业社会的个性化农耕教育、工业革命后的班级授课式教育不同，新阶段的教育更加注重开放共享，突破时空界限和受众群体的限制，重视学习者的个性化和多样性发展，关注学习能力的养成和终身教育的需求，其本质是大规模的个性化教育。但传统学校教育受限于教育供给方式和能力，导致其服务内容标准化、规模化，无法很好地满足学习者个性化、灵活、优质和终身的学习需求。因此，传统学校教育标准化、统一化、阶段化的教育服务方式与广大学习者灵活、开放、个性化、终身化的教育需求之间的矛盾成为当前我国教育领域的主要矛盾。

教育领域主要矛盾的变化必然会带来教育问题的变化，继而带来教育信息化研究问题的变化。厘清新阶段教育信息化进程中教育研究的问题域，着力解决教育服务的开放性、灵活性、个性化与终身化不足的问题，将有助于当前我国教育领域主要矛盾的解决。

二、发达国家教育战略规划分析

一个国家教育战略规划的制定一定是基于当时和之后一定时期内教育的主要矛盾的，致力于解决教育的主要问题。

综合对《美国联邦教育部战略规划（2014—2018 财年）》《欧盟教育 2020 战略》《英国教育标准局教育战略计划（2014—2016 年）》《芬兰国家教育可持续性发展战略计划（2006—2014 年）》《芬兰教育与研究发展计划（2011—2016 年）》《澳大利亚国家教育与培训运营规划（2015—2019 年）》和《加拿大阿尔伯塔省学习与技术政策框架 2013 年》共 7 份国外教育战略规划报告的调研分析，可以清晰地看到：借助信息技术创新教学环境，实现不同学科之间的融合，改善教育决策与教育治理，突破传统教育教学方法，变革教育评价，并最终促进学习效果的提升、实现教育公平，已成为信息时代发达国家教育发展的重要战略。

1. 整合信息技术，创新学习环境

近几年来，随着互联网、云计算、智能终端等新一代信息技术的发展，技术给教育带来了深刻的影响，在新技术环境中出现了越来越多的教学新形态。因此，如何在现代信息技术背景下应用技术优化学习过程，成为发达国家关注的重点。上文提到的7份教育战略规划均指出信息技术的重要作用，同时针对技术的应用情况提出具体问题：以学习者为中心的学习环境设计，融合信息技术的课程及教学模式构建，信息技术支持的适应性学习设计，针对个性化需求的学习路径选择与资源推送，等等。

2. 学科整合的教育研究

STEM 教育（科学、技术、工程、数学教育的总称）是一种新型的整合形态，其在教学过程中对科学、技术、工程和数学等学科加以综合，并采用基于项目或问题解决的学习方式。发达国家已充分认识到 STEM 教育对学生实践能力训练和创新能力培养的重要作用。以美国为例，其在教育战略规划中针对教育的各个阶段提出了具体的 STEM 教育的举措。从机制上探寻新型 STEM 教育方案，探索 STEM 各学科整合的新型教学模式、方法、策略及创新的技术支持手段，已成为发达国家关注的重点。各国在此领域重点关注的问题包括：STEM 各学科整合的创新教育模式，新技术环境下 STEM 学科的应用方案，STEM 课程建设，STEM 教师队伍建设，等等。

3. 基于大数据的科学决策与治理

开发应对大数据的新一代信息系统架构和技术，从信息社会的海量数据中发现新知识、创造新价值、提升新能力、形成新业态，这已经得到世界各国特别是美国等发达国家的重视。基于证据的决策已成为政策科学化的新趋势，多个国家的战略规划都明确指出支持数据驱动型决策的发展是完善教育体制的关键。建立数据汇集共享机制，建立教育大数据汇集共享的统一标准规范，搭建综合性教育数据系统，同时打通数据传输渠道，从而实现教育数据的互联互通，是实现科学制定教育政策、优化教育体制的关键性方式。

4. 基于大数据的个性化学习

基于教育大数据的教育质量保证和监测研究能够科学反映学生的认知新规律，诊断个体发展水平，揭示教与学的交互过程，从而有效描述学生的学习水平，精细、准确、多维度地推送学习资源，并提供教学干预服务。在基于大数据的个性化学习方面，发达国家重点关注的问题包括：教育大数据的处理与分析技术，基于大数据的教育政策、管理方式和客观评估，基于大数据的教育资源配置与投入产出研究，教与学过程及行为数据的收集与分析，学生个性化成长综合建模与分析，等等。

三、信息化进程中教育研究的问题域框架

在教育信息化进程中，特别在教育的主要矛盾发生变化的时期，我们需要将研究聚焦于破解教育发展的重大问题上。参考发达国家教育战略规划的趋势与聚焦的问题域，根据我国教育主要矛盾发生转变的现状，我们认为当前和今后一段时间内我国教育信息化进程中教育研究的问题域框架应包括基础规律层、环境方法层和实践创新层（见图 2-1）。

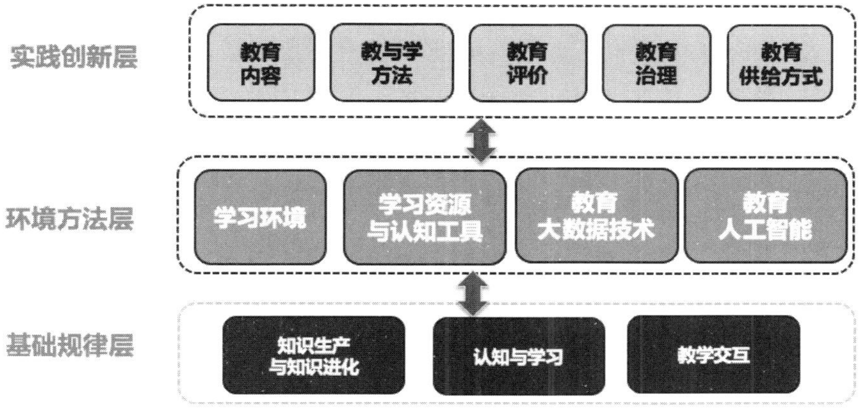

图 2-1　信息化进程中教育研究的问题域框架

需要指出的是，基础规律层、环境方法层与实践创新层并非三个相互独立、毫无关联的层次，而是相互关联、相互促进的有机整体。其中，基础规律层是整个问题域框架的出发点和归宿，所有研究均围绕基础规律开展，并最终回归深层次的规律认识和应用；环境方法层是整个问题域框架中的支撑层，具有上下承接的作用，将基础规律的发现转变为实践创新，并同时将实践创新的结果反馈给基础规律的探究；实践创新层是教育研究问题域落地应用的抓手，是检验基础规律的唯一途径和标准，是整个问题域框架的关键。

1. 基础规律层

基础规律层是教育研究问题域框架的根本，是教育研究开展的前提，同时也是实现新时代教育强国的重要依据。深层次探究教育信息化新阶段的基础规律，对构建适合国情的教育服务、教育治理、教育评价及教育供给模式具有重要的指导意义。教育领域的基础规律探究离不开教育主体、主体间的相互关系及教育内容三大要素。随着教育信息化进程从起步、应用向融合、创新发展，人类的认知规律、教学的交互规律以及知识生产和进化的规律都在发生变化，认清这些规律的变化可从根本上解决新阶段“教什么”“如何教”等核心问题。

（1）知识生产与知识进化

在经济全球化、高等教育大众化和信息技术迅猛发展的影响下，知识、知识的生产模式和进化规律均已发生深刻变革。知识结构由相对稳定和结构化的状态变为动态的、相互连接的状态；知识类型由基础知识、应用知识变为个性化知识；知识生产情景由认知语境、应用语境变为复杂情景；知识生产的目的由认识规律、解决问题变为情景性应用；知识生产范围由单一学科或跨学科变为超越学科界限；知识生产的主体由精英（职业化的研究者）、半精英（各行各业临时的研究团队）变为草根（社会大众）充分参与的生产综合体；知识生产的场所由科研机构或高校、联盟变为网络环境；知识评价也由同行评议、联盟评议变为人人可以参与的评议。探究和认识新阶段知识生产和进化的规律，既能有效解决影响教育发展的“教什么”问题，也能为支撑和推动未来教育改革提供有力的支撑。

（2）认知与学习

认知科学是研究人、动物和机器的智能本质和规律的科学，研究内容包括知觉、学习、记忆、推理、语言理解、知识获得、注意、情感等被统称为意识的高级心理现象。① 人类的学习是极其复杂的过程，自 20 世纪初行为主义学习理论的提出，人们对学习和认知的研究已获得了长足的发展。如今社会经济及信息技术迅猛发展，人们的生活和工作方式已经发生了转变。不同的经历会产生不同的大脑认知结构。② 对于从小生活在技术丰富环境的新一代而言，他们与其他年代的人不同，具有能同时处理多任务、喜欢视觉化表达、思维跳跃性强等特点。探究和认知他们的学习过程、认知规律，尤其是脑与信息技术的交互规律，对新阶段教育质量的提升、教育个性化的实现具有重要的意义。

（3）教学交互

教学交互是学习者通过与学习环境之间的相互交流、相互作用来追求自身发展的过程，是学与教的过程属性。③ 在信息技术飞速发展的今天，教学交互的规律也在随着信息技术的发展而不断变化。在网络教育初期，教学交互仅包括三个层次，分别是操作交互、信息交互和概念交互，且各层次之间的交互是以单向为主的教学交互。随着互联网技术在生活中的日益深入，学习对象、学习场所、学习方式均发生了重要变革，技术环境下的教学交互发生了巨大的变化，产生了包含操作交互、寻径交互、意会交互和创生交互的四层教学交互规律。④ 新出现的人与人之间、人与信息之间的寻径交互，包括聚合与分享、讨论与协商、反思与总结、决策制定的意会交互，以及制品创建和重新合成的创生交互。探究和认识新阶段的教学交互规律，既有利于从理论层面深入认识教学交互的一般规律，也能有效解决影响教育发展的“如何教”问题。

---

① ［美］R. 基思·索耶：《剑桥学习科学手册》，1 页，北京：教育科学出版社，2010。

② ［美］Prensky M、［中］胡志标、［中］王凯：《数字土著　数字移民》，载《远程教育杂志》，2009（2）。

③ 陈丽、王志军：《三代远程学习中的教学交互原理》，载《中国远程教育》，2016（10）。

④ 王志军、陈丽：《联通主义学习的教学交互理论模型建构研究》，载《开放教育研究》，2015（5）。

2. 环境方法层

环境方法层是教育研究问题域的保障，是整个教育研究问题得以解决的重要支撑，同时也是将基础规律层的研究更好地应用在实践创新层的方法指导，在教育研究问题域框架中具有上下承接的关键作用。不断发展教育教学中的环境方法，既能为下层的基础规律探究提供新的工具和方法，又能为上层的实践创新提供改善学生学习效果、提升教师教学效率、实现教育有效治理的技术支撑。在信息化进程中，新兴技术的不断发展逐渐改变了人类的学习环境，更新了学习资源与认知工具，产生了包括教育大数据、教育人工智能在内的新兴技术。

（1）学习环境

当前的学习环境发展趋势呈现出“四个结合”的现象，即线上线下结合、虚实结合、校内校外结合、印刷与多媒体数字结合。在以“互联网＋”为代表的新阶段，学习环境逐渐衍生出全新的线上与线下结合的教育服务形态以及虚实结合的教育服务供给。这是传统教育无法提供的新型教育服务，如自动批改、人工智能解题、社交化学习、学习成果动态即时反馈、在线辅导与答疑等。传统的特定学生只能在特定学校接受来自特定教师教导的教育服务形态，正在向成千上万名学生利用移动终端，在“一张网”上任意挑选学校和教师的教育服务形态进行迁移和转型。一本书和一个教案的时代已经一去不复返，随之而来的是印刷品与多媒体数字结合的环境。因此，如何研发以新技术为支撑的学生学习环境，如何应用、配置相关因素，如何评价新学习环境中教与学的效果，将是未来教育研究的重要议题。

（2）学习资源与认知工具

学习资源能够为学习者的有效学习提供支撑和帮助，而认知工具能支持学习者的认知过程，促进思维发展，因此，对于学习资源和认知工具的研究举足轻重。对学习资源的研究并非简单地研究资源的开发和使用，而需要综合考虑学习者与学习资源的信息交互。对学习者与学习资源的交互过程的研究，能够更有效地发挥学习资源的效用，从本质上促进学习资源的发展。对于认知工具的研究则需要聚焦于开发支持学习的以计算机为基础的专门认知工具。当前由于我国对知识产权的保护不足，在认知工具方面的研究和开发较为薄弱，导致很多新的教学方法难以实施。而随着时代的变化，学习方式和教学方式均发生了一定的变化，需要新型学习资源和认知工具的支持。因此，需要加强对学习资源和认知工具的研究，以有效地支持新型教与学的开展。

（3）教育大数据技术

教育大数据技术的出现，为认识教育教学规律、探究个性化教学提供了全新的研究范式。研究范式的转变带来研究流程的重组与研究成果的创新。如今随着大数据技术的不断发展，研究范式将从原本的经验范式、实证范式、设计范式、系统范式转变成教育大数据研究范式。这种新的研究范式将一改传统的以经验研究和理论研究为主的研究范式，实现数据驱动的经验研究范式。① 此外，教育大数据研究范式的形成还将进一步促使教育大数据技术成为探究学习本质规律的分水岭。有别于传统的基于学习科学、脑和神经科学来探究人类学习与认知规律的一般方法，这种新的大数据范式通过海量教与学数据，将可能优先挖掘、分析出最接近学生本质的认知规律和学习规律。因此，研究教育大数据技术将成为未来教育研究的重点。

（4）教育人工智能

教育人工智能是人工智能和学习科学结合而成的新领域，强调利用人工智能技术促进教育教学改革。国务院发布的《新一代人工智能发展规划》明确指出要利用智能技术构建新型教育体系，建设智能校园，开发智能在线学习平台，开发智能教育助理，等等，来实现便捷高效的教育服务。教育人工智能以领域知识模型、学习者模型和教学模型为关键要素。② 领域知识模型包含教学所需的相关知识（概念、事实、规则）以及问题求解策略。学习者模型建立于领域知识库之上，是教育人工智能的核心，主要负责实时更新、存储学习者的基本信息和有关学习者学习过程的动态信息，并通过收集学生特征数据，对学习者进行建模，以实

---

① 吴忭、顾小清：《教育大数据的深度认知、实践案例与趋势展望——2017年“教育大数据应用技术”国际学术研讨会评述》，载《现代远程教育研究》，2017（3）。

② 闫志明、唐夏夏、秦旋等：《教育人工智能（EAI）的内涵、关键技术与应用趋势——美国〈为人工智能的未来做好准备〉和〈国家人工智能研发战略规划〉报告解析》，载《远程教育杂志》，2017（1）。

现个性化教学。教学模型接收来自学习者模型和领域知识模型的信息，通过匹配学习者的知识状态和领域知识，依据教学原理，选择合适的教学策略，根据教学策略从领域知识库中选择合适的教学内容。加大对三个关键领域的研究可以促进教育人工智能的发展。

3. 实践创新层

实践创新层是教育研究问题域的关键，是使基础规律层的探究发现落地应用的重要抓手，同时也是检验基础规律层探究发现的新规律的唯一标准。以规律为基础，以方法为支撑，不断发展实践创新，既有利于促进底层基础规律的深入探究，也有利于中间层形成一批具有示范性的教育产品与工具。在信息化进程中，教育教学的整个流程都发生了重要的变化，包括教育内容、教与学方法、教育评价、教育治理及教育供给方式。

（1）教育内容

教育内容是关于教育领域“教什么”的问题。在传统教育中，教育内容更多由教师制定，即教师根据教学目的和教学情境，以教科书为载体，以教学计划和教学大纲为框架，组织知识内容和经验。这种系统组织的知识与经验一直备受一线教育工作者的推崇，但其存在的知识滞后、难以适应时代发展要求、难以很好满足学习者个性化学习需求的弊端饱受大众诟病。新阶段的教育内容应是与社会密切关联的教育内容，也是符合新阶段人才培养目标的教育内容。随着人工智能与机器人、创客教育、STEM 新型课程形态被纳入教育内容，教育内容变革开启，但这种变革与整个教育内容的与时俱进还相距甚远，因此需要以人才培养目标为出发点，不断探究适合当下学习者的教育内容。

（2）教与学方法

《国家中长期教育改革和发展规划纲要（2010—2020 年）》指出，在创新人才培养模式方面，要倡导启发式、探究式、讨论式、参与式教学，帮助学生学会学习。但传统课堂在实施教学过程中过于强调死记硬背、接受学习和机械式训练，而忽略学生的主动参与和探究，缺乏教与学方法的创新。在各个学科的教与学中，需要创新教学方法的学习内容往往是不容易理解和掌握的。[①] 也就是说，对于某些教育内容，仅依靠传统教与学的方法是远远不够的。随着教育信息化的推进，信息技术为创新教与学的方法带来了新的可能，如何借助信息技术支持自主学习、管理协作学习以及组织混合式学习等问题值得进一步研究。

（3）教育评价

教育评价是教育的起点与归宿，它决定了整个教育的发展。常见的教育评价受限于诸多因素，很难实现评价的全面性、有效性和及时性。在全面性方面，往往重视结果性评价，而弱化过程性评价；在有效性方面，专家评价和学习者调查等方式限制了评价的客观性；在时效性方面，以量表和问卷为主的评价手段使教育评价具有一定的滞后性。当前，随着信息技术的快速发展，学习分析技术成为教育评价改革的重要手段，使教育评价从经验导向转变为数据导向，可针对学生、教师、课程分别构建不同维度综合评价的参考理论模型，并通过学习行为数据的聚合特征变量构建相应的计算模型，设计与研发相应工具，用以监测每个学生的学习情况、每个教师的教学情况以及每个机构的办学情况。因此，未来使用以学习分析为代表的新兴技术开展教育评价值得研究者的关注。

（4）教育治理

教育治理是教育机构或政府管理其共同事务的诸多方式的总和，通过协调、对话、合作形成主体治理的平等化、民主化和多元化，是影响教育改革与发展快慢的关键方面。传统的教育治理常常出现“不该管”“管不好”及“应该管好却没有管好”等问题。随着互联网、物联网、大数据等技术的迅速发展，各类终端产生的数据以惊人的速度扩展，基于大数据的教育治理为新阶段的教育治理提供了新的思路。大数据技术的有效应用能有效提高教育治理的科学化和现代化，更好地提供教育服务，促进教育高质量发展。[②] 比如，北京市教委基于大数据的义务教育阶段入学服务平台就是综合多维数据进行教育治理的典型案例。北京市教委在对历年入学数据、升学数据、教育质量分析数据、区域人口分布数据及社会需求数据等进行

---

① 钟绍春、王伟：《关于信息技术促进教学方法创新的思考》，载《中国电化教育》，2013（2）。

② 姚松：《大数据时代教育治理转型的前瞻性分析：机遇、挑战及演进逻辑》，载《现代远程教育研究》，2016（4）。

全面分析和模拟的基础上，在入学政策、学位数设置、集团校划分、师资调控等方面进行科学决策。从近几年北京市入学的结果来看，其在实现就近入学、促进区域教育均衡方面取得了良好效果。

（5）教育供给方式

在“互联网＋”时代，教育信息化的进程应推动教育供给侧改革，将之前供给方驱动的教育服务逐步转变为消费方驱动的教育服务。① 北京市教委和北京师范大学未来教育高精尖创新中心联合推出的“双师服务”是借助互联网技术进行区域内教师共享的代表。北京市教委在通州区启动“北京市中学教师开放型在线辅导计划”的试点工作，每位学生都可以享受“双师服务”，即每位学生除了拥有在校教师外，课下还可自由选择北京市教育公共服务平台上的在线教师；北京市教委根据学生对教师的评价和教师的服务时长等方面给教师发放薪资。这类教育供给方式借助互联网技术，在更大的物理范围内实现教师资源共享，有效满足班级标准化、规模化教学中的个性化服务需求。

教育发展情况主要决定教育问题研究的科学性与前瞻性，但当前我国的教育研究大多仅依据经验，缺少系统的科学研究方法做支撑；在面对复杂的教育现象与动态变化的时代需要时，缺少科学方法论的基础和灵活应对问题的能力。环境方法层和实践创新层的创新发展研究较为集中，最为缺乏的是基础规律层的研究，而由于基础规律层能支撑和指导环境方法层和实践创新层的创新发展，若对基础规律认识不清楚，实践创新层的研究则也会存在问题。因此，在信息化进入新阶段之际，国家应从宏观角度，以基础规律层研究为根基，以环境方法层为支撑，实现教育实践的不断创新和发展。未来的教育是适应创新人才培养的大规模、个性化、高质量的终身教育。未来的教育信息化研究应从技术推动的教育系统变革出发，以大规模、个性化学习为目标，融合教育科学等社会科学以及信息科学、系统科学、生命科学、管理科学等自然科学领域的研究力量，长期、深入地探究由新技术带来的教育体系重组和流程再造过程中的理论与应用问题，为国家教育改革提供系统化解决方案。

---

① 陈丽、王志军、郑勤华：《“互联网＋时代”教育技术学的学科定位与人才培养方向反思》，载《电化教育研究》，2017（10）。

第三章　“互联网＋”时代教育信息化的战略转型

教育信息化的不同阶段有着不同的目标和重点工作，对教育变革的影响也处于不同层面。在教育信息化的起步阶段，现代信息技术对教育的推动更侧重于教学手段的变化，对于教学方法的影响微乎其微，整体的教学实施依然是基于传统的理念与方法的。在教育信息化的应用阶段，现代信息技术对教育的推动触及原则和方法层面，开始运用技术更好地组织、呈现内容与资源，由现代信息技术支撑的数字化资源建设与共享成为潮流，技术支持的教学设计与实施成为重点。但在此阶段技术对教育的影响依然处于传统教育的框架内，其逻辑是利用现代信息技术对教育存在的问题予以解决，技术被寄予了强化、完善传统教育的期望，是典型的“教育＋信息技术”阶段。在教育信息化的融合、创新阶段，现代信息技术对于教育的推动开始关注整体的系统性变革，其关注的问题是在信息时代如何设计教育体系、教育如何组织与实施，为“信息技术＋教育”阶段。

《国务院关于积极推进“互联网＋”行动的指导意见》所提出的“互联网＋”战略，是我国政府在互联网广泛且深度进入社会各领域，引发了许多颠覆性创新并产生了许多新业态的前提下所提出的一个新战略。在“互联网＋”时代，教育领域技术的变化体现在以下两个方面：一是云计算、大数据、VR（虚拟现实）、AR（增强现实）等大量颠覆性技术进入教育领域，在很大程度上颠覆了技术影响教育的范式，为教育教学带来完全不同的实现方式，甚至在一定程度上影响了对既有教育规律的认识，如联通主义所提出的新知识观与学习观；二是现代信息技术成为教育的创新要素，对教育的影响深入至教育要素及其关系的变革，要素及其关系的变革导致教育教学结构的变化，进而产生新的教育模式和新的教育形态。

在向融合、创新过渡的“互联网＋”时代，教育信息化该选择何种战略方向、设计怎样的战略路径，是我国教育信息化乃至教育改革发展须重点关注和明确的问题。对于“互联网＋教育”，《国务院关于积极推进“互联网＋”行动的指导意见》提出“探索新型教育服务供给方式”的重点行动，并从数字资源建设与开放、学习模式、教育模式、服务模式、学分认定与转换等角度论述了新型教育服务供给方式。“互联网＋教育”战略的提出赋予了我国教育信息化一个全新的目标取向，教育信息化推动教育变革的思路需要随之做出根本性调整，教育信息化推动教育变革的逻辑和价值取向要求由在传统教育框架内强化完善既有教育转向推动教育整体变革以重构新型教育体系。

基于以上判断，“互联网＋”时代教育信息化推动教育变革的过程需要重点关注以下几个问题。

一、以终身教育思想为指导的教育整体变革价值取向

人类社会进入知识社会，终身教育变得越来越重要。① 对个人来说，如果不成为一个终身学习者，便无法应对生活的挑战；而一个社会如果不能成为学习型社会，便难以持续发展。② 终身教育已经成为教育改革的指导原则和组织原则，它被认为是教育应对当前和未来复杂挑战的不可或缺的工具。③《中华人民共和国教育法》明确规定：“推进教育改革，推进各级各类教育协调发展、衔接融通，完善现代国民教育体系，健全终

① Karl Steffens, “Competences, Learning Theories and MOOCs: Recent Developments in Lifelong Learning,” *European Journal of Education*, 2015 (1), pp. 41-59.

② Jin Yang & Raúl Valdés-Cotera, “Conceptual evolution and Policy Developments in Lifelong Learning,” http://unesdoc.unesco.org/ark:/48223/pf0000192081/, 2019-01-12.

③ Carolyn Medel-Añonuevo, Toshio Ohsako & Werner Mauch, “Revisiting Lifelong Learning for the 21st Century,” http://unesdoc.unesco.org/ark:/48223/pf0000127667/PDF/127667eng.pdf.multi, 2019-01-12.

身教育体系，提高教育现代化水平。”《国家中长期教育改革和发展规划纲要(2010—2020年)》也提出了“构建体系完备的终身教育”的战略目标。构建终身教育体系、建设学习型社会已成为我国教育改革发展的指导思想和目标方向，也是信息技术推动教育整体变革的价值取向，即以现代信息技术为支撑和重要手段推动教育变革、构建终身教育体系。

终身教育体系要求打破各级各类教育之间的壁垒，强调教育的整合、统一与沟通，把各个教育阶段、层次和类型看作整体中的有机组成部分，形成各种教育纵向衔接、横向沟通、纵横交叉的新格局。① 终身教育体系的核心价值在于破除教育的时空限制、机构壁垒与制度藩篱，构建大规模、个性化学习的开放教育体系。这一体系既要满足所有人的学习需求，又要从个体学习者的需求出发提供教育服务，做到规模化与个性化的有效统一，迥然不同于基于工业化大生产逻辑构建的统一化、标准化教育模式。

从生态学的视角看，教育也是一个生态系统，其基本特征之一是整体关联性，表现为教育生态系统与社会大系统的整体关联以及教育生态系统内部各要素的整体关联。② 从教育生态系统与社会大系统的整体关联角度来看，随着互联网连接的扩展与跨界融合在教育领域的进一步渗透，教育的边界在淡化，课堂无边界与校园无边界的趋势会越来越明显，正规的教育与学习在更加广阔的社会空间里和世界范围内发生。从教育生态系统内部各要素的整体关联角度来看，教育系统应是各级各类教育纵向衔接与横向沟通的大教育系统。在纵向衔接方面要解决不同层次的教育相互脱节的问题，实现不同阶段的教育在目标、内容、结果等方面的协调；在横向沟通方面要将家庭教育、学校教育和社会教育三类教育之间的沟通渠道打通，实现正规教育、非正规教育及非正式教育的融合。

“互联网+教育”的跨界融合在于构建一种新型的教育生态系统，以终身教育思想为指导，构建二元开放的教育体系。二元开放的教育体系一方面向所有学习者，为每一位学习者提供个性化的学习服务；另一方

---

① 欧阳忠明、肖玉梅、肖菲：《终身教育——探寻学习的财富》，44页，重庆，西南师范大学出版社，2014。

② 刘敏：《浅议对大教育的生态分析》，载《教育探索》，1996(1)。

面向有意愿和有能力提供教育服务的机构和个人开放，以提升开放教育体系的承载能力和服务水平，支持开放教育体系面向学习者的开放。

二、改变单纯的工具技术推动教育变革的思维

以互联网为代表的现代信息技术能打破信息传递和交互的时空限制，使得教与学可以在不同的时间与空间里发生，这是作为手段和工具的技术对教育最直接和最显性的影响。而破除机构壁垒、推动建立终身教育体系所期望的二元开放教育体系，显然是工具层面的现代信息技术无法实现的。

从哲学的角度来看，技术不仅展示了人对自然的能动关系，也是人类社会生活关系的形成、存在和发展的根本力量及度量尺度。[①] 从这个意义上来说，技术不再单纯是工具技术，它因改变了人与人以及人与物之间的关系而引发了不同的组织方式，因而技术也是各种社会关系的体现。教育技术是人类在教育教学活动中所应用的一切物质工具、方法技能和知识经验的综合体，它分为有形的(物化形态)和无形的(观念形态)技术两大类。有形技术是教育技术的依托，无形技术是教育技术的灵魂。[②]

教育信息化长期以来遵循着工具技术至上的原则，对教育信息化推进教育变革的理解也多出于工具技术的角度。在教育信息化的早期阶段，人们关注的焦点在于有形技术的建设，局限于技术产品本身对教育教学的影响，而忽略了技术作为一种文化及技术背后的力量对教育的深层次影响，没有从宏观视角来研究探索信息时代教育的整体变革。这也导致在我国教育信息化实践工作过程中，现代信息技术对于教育的影响还处在较为浅显的层次，突出表现为技术本身对教育微观、中观层面的影响，多依靠信息技术来强化、完善既有教育框架和教育模式，而忽视了技术背后的力量对教育宏观、整体的变革，离融合和创新还较远。

“互联网＋”突破了把互联网单纯视为一种技术工具的认识局限，把

---

① 杨瑛霞、田爱奎、夏天等：《从技术哲学看教育技术的内涵与本质》，载《电化教育研究》，2007(3)。

② 李世改、李红梅：《技术哲学视野下的教育技术哲学》，载《电化教育研究》，2007(3)。

互联网作为更具生态性的要素来看待。[①] 在“互联网+”时代，信息技术推动的教育整体变革不应依赖于工具技术在教育中的应用。互联网是技术，但绝不仅是工具技术，技术的背后还有更为宝贵的互联网基因、互联网思维。互联网的实质是一种关系，而且它也在改变着生产关系，这才是互联网变革教育的根本力量所在。互联网对于社会变革更大的影响来自对传统行业的组织流程再造。[②] 正是因为作为教育“基因”的要素及其关系在互联网影响下产生了变化，所以教育组织方式和流程能够发生整体性变革，这是技术推动教育根本性变革的要义所在。因此，应该发挥互联网对教育各要素在配置、流转中的优化和集成作用，推动教育的整体变革。

三、从重构教育生态的角度认识信息技术与教育深度融合的内涵

教育技术绝不是强加于传统教育体系的一堆仪器，也不是在传统程序上的增加或扩大。只有真正被纳入整个教育体系并促使我们重新思考和革新这个教育体系时，教育技术才具有价值。[③] 信息技术与教育的深度融合不仅要在教育中应用信息技术，而且要运用信息技术重新组织教育，形成新的教育教学模式、教育服务模式及教育组织模式。教育信息化并非单纯的现代教育技术的应用，更重要的是教育思想、教育观念、教育模式和教学方式的转变。[④] 在教育信息化的融合、创新阶段，现代信息技术的主要任务不再是在传统教育框架内强化和完善既有的教育，而是通过推动教育的系统性、整体性变革构建新的教育体系。

伯特伦·布鲁斯在《创新和社会变革》一文中引用了科恩在 1988 年根

---

① 马化腾等：《互联网+：国家战略行动路线图》，21 页，北京，中信出版社，2015。

② 郭文革、陈丽、陈庚：《互联网基因与新、旧网络教育——从 MOOC 谈起》，载《北京大学教育评论》，2013(4)。

③ UNESCO，*Learn to Be：The World of Education Today and Tomorrow*，Paris，Bernan Press，1979，p. 131.

④ 蒋笃运、张豪锋、王萍等：《教育信息化若干重大问题研究》，4 页，北京，科学出版社，2008。

据对大量新课程的历史分析得出的观点，证明了当新技术被应用于教育的微观、单一层面或领域时会产生创新无力的问题。布鲁斯指出："当我们使用新课程时，它们在现存的教学组织形式中被使用。在少数情况下，这意味着它们被有效地使用了，但即使在这些情况下新内容也并没有带来本质的变化，也就是说，在班级组织方式、教学方式、学习方式上没有变化……而有时候，现有的组织改变了材料。"①这一论证充分表明，如果忽视技术推动教育系统变革的宏观整体设计，而寄希望于技术在教育某一领域或某一层面引发变革，实现的机会则是十分渺茫的，效果也会大打折扣。

技术之所以能够推动教育的整体变革，是因为教育体系的要素在技术的影响下发生了深刻变化，这是教育整体性变革的内在原因。这些要素的变化体现在办学与服务主体、学术主体、教育内容、教育媒体等多方面。互联网对教育办学与服务主体的影响主要表现在两个方面。一是越来越多的非传统意义上的教育机构参与教育服务，各种非制度化教育机构的地位正在不断提高。② 二是在学术主体方面的变化，体现为教师要素的变化及教师与学生关系的变化。教师的来源更为广泛和多元，大量没有经过正式认证的"教师"进入教育服务领域。教师在教育教学中的角色发生了变化，教师在教育教学中的权威被进一步解构，远程学习甚至可以不需要教师的参与，新型的师生关系正在形成。③ 技术工具的进步一直影响着教育内容的表达方式和教育内容的传播结构。④ 过去互联网是内容的传递者而不是生产者，现在则不同，每个人都可以成为内容的生产者。互联网作为一个社会形态的元素，正在为社会源源不断地输出新的内容、制造新的话题。⑤ 学习的内容可能不再是预先设计的，而是在学习过程中交互生成的。教育媒体的变化是互联网技术影响教育变革的第一

① 转引自陈丽：《技术进化与社会发展》，43页，北京，北京师范大学出版社，2004。

② 吴林富：《教育生态管理》，32页，天津，天津教育出版社，2006。

③ Betty Collis, *Tele-Learning in a Digital World: The Future of Distance Learning*, Boston, International Thomson Computer Press, 1996, p. 11.

④ 汪琼、尚俊杰、吴峰等：《迈向知识社会：学习技术与教育变革》，2页，北京，北京大学出版社，2013。

⑤ [美]克莱·舍基：《认知盈余：自由时间的力量》，2～3页，北京，北京联合出版公司，2018。

层次。技术对教育媒体的影响不仅在于教育媒体形态的演变，如由印刷媒体演变为视听媒体，或由视听媒体演变为数字媒体，而且在于多种教育媒体形态的融合与创新，这是数字时代教育媒体形态的典型特征。工具的改变必然会对原有学习模式有所影响。[①] 这些要素的变化使得教育内部发生了变化，而信息技术与教育的深度融合正是在各要素及其关系变化的基础上构建新的教育形态的过程。

四、推动以组织模式、服务模式为核心的整体变革

教育的组织模式是教育资源的整合与配给方式，相对于教与学，教育组织模式的变化更为缓慢或隐蔽。教育服务模式指教育服务产品的提供者与生产者为教育消费者提供教育服务的解决方案。组织模式与服务模式密切联系，如果没有组织模式变化引起的教育资源整合、配给方式优化，服务模式的变革，尤其是形成以个体学习者为中心的教育服务模式则难以实现。信息技术在教育领域的应用在教育信息化初级阶段更多体现于教与学等层面，我国教育信息化现有的战略规划没有触及教育组织体系和教育服务模式的变革。而约翰·丹尼尔明确指出，古老的高等教育模式不是针对在当今技术丰富的时代寻求更高层次学习的多样化学生群体而设计的。[②] 在“互联网+”时代，教育信息化在教育领域的应用与变革应在解构传统的教育组织结构、关系结构的基础上，通过跨界融合、连接一切和协同创新，重新构建连接与关系，推动教育组织模式和服务模式变革。

教育的开放不仅体现为对所有学习者的开放，也体现为对所有教育服务提供者的开放。终身教育希望把原来相互割裂的各种教育以及各种教育因素、教育资源统合化、一体化，社会的整个教育训练机构和渠道能够使人们在其生活的所有部门都可根据需要，方便地获得学习和教育

① 翟本瑞：《教育与社会——迎接资讯时代的教育社会学反省》，245页，台北，扬智文化事业股份有限公司，2000。

② ［美］约翰·丹尼尔：《巨型大学与知识媒体——高等教育的技术策略》，8页，上海，上海高教电子音像出版社，2008。

的机会。[①] 在互联网连接一切、跨界融合的推动下，教育边界与学校边界正逐渐淡化，一切具有教育功能的机构都正在或即将被整合到终身教育体系中。教育与学习突破了学校、国家的限制，在更加宽泛的社会空间与更加广阔的地域空间中发生。教育组织模式的变革有三个层次：一是由各个教育机构单独提供教育的模式转变为所有教育机构共同实施教育的模式，把教师和学生分别固定在不同教育机构的教育组织模式要进行调整；二是由主要依靠正规教育机构（学校）组织教育的模式转变为所有具有教育功能的正规教育机构和非正式教育机构共同组织教育的模式，以学校教育为核心的教育组织模式要被重新界定；三是由某个国家或地区独立组织教育的模式转变为在世界范围内组织教育的模式。

从技术推动教育变革的角度来看，教育服务模式的变革体现在两个方面。一是随着教育组织社会空间与地域空间的扩大，由专业机构提供教育教学过程中其一环节的专业化教育服务成为必然趋势。例如，在MOOCs发展中出现了一些专业服务机构：阿里巴巴集团与北京大学合作成立华文慕课，并与Coursera合作提供相关服务；英国的FutureLearn与培生公司合作，由后者的全球考试中心提供MOOCs线下考试服务。二是以大工业生产规模化、标准化为特征的教育服务提供方式越发不能满足教育和学习发展的个性化需求，个性化教育的提出即从推进个体发展和实现个人价值的角度，将教育的价值取向、关注重心转向了个人。个性化教育要求一种新的教育服务模式与之相适应，根据学习者的个性化学习需求提供定制服务的服务模式显得尤为重要，以围绕学习者个体提供有针对性的服务，根据学习者的学习需求提供不同的教育资源与内容，根据不同学习者的学习动机选择不同的评价方式，根据不同的学习能力和风格安排不同的学习进程与教学方式。

当前我国教育信息化呈现出起步、应用、融合三阶段叠加的态势，这是我国教育信息化现阶段的典型特征。“互联网＋”战略的提出明确了我国教育信息化今后发展的目标取向。在由起步、应用阶段向融合、创新阶段过渡的过程中，教育信息化推动教育变革需要从强化、完善既有

---

① 高志敏等：《终身教育、终身学习与学习化社会》，15页，上海，华东师范大学出版社，2005。

教育的范式转变为推动教育的整体变革，进而构建新的教育组织和服务模式，形成教育发展的新形态。为实现这一范式转变，就要突破对技术认识的局限，抛弃单纯工具技术的应用，重视发挥作为文化的技术的力量；应克服教育系统的封闭性，尤其是人们思想观念上的保守性，从推动教育规律变革的角度来认识信息技术变革教育的能力。

以生产力面貌呈现的现代信息技术所推动的教育变革，必然要在教育生产关系的框架内发挥作用，同样遵循推动生产关系变革和受生产关系制约的规律。这能从侧面回答“乔布斯之问”，即教育系统的封闭性使得其在广泛引进现代信息技术的同时，又极力排斥现代信息技术对传统教育框架的影响。传统教育框架并不排斥现代信息技术所促进的既有教育结构发生的适当变化，但它排斥这种潜力造成的既有教育结构和传统教育框架的瓦解。接受一定程度的改良但拒绝根本性变革，这是传统教育框架对现代信息技术变革教育的制约。现代信息技术要推动教育的整体变革，就要从生产关系层面打破传统教育框架的束缚，这必然需要教育制度改革的推动和支持。创新的教育业态要在某些环节突破既有的模式与路径，但教育组织模式和服务模式上的创新可能得不到既有政策的支持，甚至会与既有制度、政策冲突，这就要求教育行政部门及时调整与完善相关政策，为互联网支持的大规模、个性化、开放的教育体系的建设提供制度保障与政策支持。能否建立一种灵活、开放的终身教育制度，对于能否建立新型教育组织模式和服务模式至关重要，进而影响大规模、个性化、开放的教育体系的建立。

第四章 “互联网+教育”的创新本质与变革趋势

现代信息技术与人类生产生活的结合催生了许多新的业态，也深刻影响了人们的生产和生活方式。互联网金融、网络购物、互联网约租车等创新的服务模式成功变革了传统金融、零售和出租车行业，充分证明了技术重构各个领域的变革能力。《国务院关于积极推进“互联网+”行动的指导意见》充分认识到互联网与各领域融合发展的巨大前景，提出“把互联网的创新成果与经济社会各领域深度融合，推动技术进步、效率提升和组织变革，提升实体经济创新力和生产力，形成更广泛的以互联网为基础设施和创新要素的经济社会发展新形态”的战略决策。该文件提出“互联网+”在教育领域的重点行动是“探索新型教育服务供给方式”，将新型服务供给方式界定为五个方面：一是供给主体的多元化，“鼓励互联网企业与社会教育机构根据市场需求开发数字资源，提供网络化教育服务”；二是多主体之间的关系和协作，“鼓励学校通过与互联网企业合作等方式，对接线上线下教育资源，探索基础教育、职业教育等公共服务提供新方式”；三是教育资源的开放共享，“扩大优质教育资源覆盖面”“推动开展学历教育在线课程资源共享”；四是教与学模式的创新，“推广大规模在线开放课程等网络学习模式”；五是教育制度创新，“探索建立网络学习学分认定与学分转换等制度”。

从以上五个方面来看，在“互联网+”背景下对新型教育服务供给方式的探索已经突破了传统学校教育的束缚，这突出表现在关于教育服务供给主体的多元化，而且对既有的强区分度的教育资源配置方式表现出了强烈的改革愿望。尽管如此，该文件并没有对新型教育服务供给方式给出一个清晰的描述，更没有为“互联网+教育”绘制清晰的蓝图。虽然“互联网+教育”成为教育领域备受关注的新热点，成为教育媒体的重要话题，也成为教育投资的主要方向，但“互联网+教育”与以往教育信息化实践的关系是什么，它的理念、理论基础和价值取向是什么，这些问题都不甚清晰。如果对这些问题认识不足或理解错误，就很容易在实践中迷失方向，容易错失教育改革与发展的战略机遇。

一、“互联网+”的提出与其在教育领域的发展

“互联网+”术语或理念在国内的提出，最早或许可以追溯到2012年。2012年11月14日，在易观第五届移动互联网博览会上，于扬做了主题为“所有传统和服务都应该被互联网改变”的演讲。他在演讲中呼吁：“‘互联网+’是我今天给各位带来的易观的一个想法，我认为，其实今天这个世界上所有的传统和服务都应该被互联网改变，如果这个世界还没有被互联网改变，它是不对的，一定意味着这里面有商机，也意味着基于这种商机能产生新的格局。”①尽管于杨预测了互联网的力量，但真正把“互联网+”带入公众视野并推动其发展进程的则是2015年的《政府工作报告》。

2015年3月5日，李克强总理在第十二届全国人民代表大会第三次会议上做了《政府工作报告》，正式提出：“制订‘互联网+’行动计划，推动移动互联网、云计算、大数据、物联网等与现代制造业结合，促进电子商务、工业互联网和互联网金融健康发展，引导互联网企业拓展国际市场。”将“互联网+”行动作为推动中国产业结构迈向中高端的重要部署，以协调推动经济稳定增长和结构优化。

2015年7月1日，《国务院关于积极推进“互联网+”行动的指导意见》印发。该文件自上而下地对互联网在创业创新、协同制造、现代农业、智慧能源、普惠金融、益民服务、高效物流、电子商务、便捷交通、绿色生态、人工智能11个领域制订了重点行动计划，对各级政府部门与相关单位所要提供的支持与保障做出了详细部署，并深入阐述了中国“互

---

① 《于扬：所有传统和服务应该被互联网改变》，https://tech.qq.com/a/20121114/000080.html，2019-01-20。

联网＋”建设的总体思路、基本原则及阶段性发展目标。该文件清晰地提出了“组织变革”和“经济社会发展新形态”的目标和期望，赋予了互联网极高的战略定位。

关于教育领域的“互联网＋”，《国务院关于积极推进“互联网＋”行动的指导意见》在“互联网＋益民服务”重点行动计划中提出了“探索新型教育服务供给方式”的任务，但并没有对“互联网＋教育”做出清晰描述。2015年11月19日，时任国务院副总理刘延东在第二次全国教育信息化工作电视电话会议上强调，在“十三五”期间，要把握“互联网＋”潮流，通过开放共享教育科技资源，为创客、众创等创新活动提供支持，为全民学习、终身学习褆供有力支撑。教育部下发的《2016年教育信息化工作要点》将“落实中央网络安全和信息化领导小组和国务院有关‘互联网＋’、大数据、云计算、智慧城市、信息惠民、宽带中国、农村扶贫开发等重大战略对人才培养等工作的部署”作为做好教育信息化统筹规划与指导、加强教育信息化统筹部署的重要任务之一。尽管此时教育领域在形式上积极响应了国家的“互联网＋”行动计划，但实质上并没有相对清晰的具体部署，甚至“互联网＋教育”这一概念都没有被正式提出。

为了推动“互联网＋”在教育领域的发展，2018年4月，教育部发布了《教育信息化2.C行动计划》，正式提出了“互联网＋教育”，并称“教育信息化2.0行动计划是推进‘互联网＋教育’的具体实施计划”。尽管《教育信息化2.0行动计划》并没有清晰地描述“互联网＋教育”的内涵与发展蓝图，但在阐述以互联网为代表的现代信息技术推动教育变革的方向时，提到“推动教育观念更新、模式变革、体系重构”“构建网络化、数字化、智能化、个性化、终身化的教育体系”“形成新时代的教育新形态、新模式、新业态”。尽管是以“教育信息化2.0行动计划”的名义提出，但这是国家教育行政部门对“互联网＋教育”的首次正式回应，并对“互联网＋教育”的推进路径和发展方向进行了尝试性探讨。

从上述分析中不难看出，“互联网＋教育”是一个内涵并不清晰的概念，虽然出现频率很高、影响力很大，但似乎从未有过确切的定义，甚至也没有对哪些实践属于“互联网＋教育”的说明，只能靠实践者在自己的境遇中去解读和探索。这就容易导致人们从字面上把“互联网＋教育”

理解为将所有的教育实践都搬上网，未来教育信息化就是教育网络化。这种技术取向的对“互联网＋教育”的解读是不太妥当的，容易将我国教育信息化带回原点，使我们忽视深层次教育系统开放的变革趋势，影响技术推进教育变革的进程。

所以，为了正确把握“互联网＋教育”的实践方向，我们有必要从“互联网＋”的本源中，从一些典型案例中，挖掘“互联网＋教育”的创新本质和发展趋势，从而准确把握“互联网＋教育”的变革方向。

二、“互联网＋教育”的几个典型案例

1. 可汗学院证明了草根也可以提供教学服务

产生于草根的可汗学院是一个典型的“互联网＋教育”的案例。毕业于麻省理工学院，后又修读了哈佛大学工商管理硕士课程的萨尔曼·可汗于2007年创建可汗学院（Khan Academy）网站，其初衷只是通过网络指导远在家乡的家人学习。但没过多久，可汗学院就发展成一个世界知名的教育非营利性组织，其课程被翻译成25种语言，在全球拥有超过4000万的注册学习者。从最初不出现教师影像，只开发在写字板上呈现演算和推导过程的教学视频，发展到如今提供微视频资源，建立起学习与教学的组织、支持、管理和服务的一套较为完整的系统，可汗学院成为全球开放教育发展中最具影响力的组织之一。

但是，很多人将可汗学院的创新本质仅理解为网上免费的微视频，从而形成了微课程建设潮流。与之相关的大赛和各种会议如火如荼、愈演愈烈。事实上，免费在线微视频不是可汗学院首创的，视频公开课早在开放教育资源运动（OER）开始时就已经出现。可汗的微视频只是在衣帽间录制的一些作品，不足以产生如此大的影响。深究其因，更值得我们关注的是可汗学院不同于与高等教育机构合作紧密的MOOCs，它并不限制课程提供者的身份，仅需一个邮箱账号便可以无障碍地注册可汗学院的教师账户，进而分享自己的课程。也就是说，可汗学院的独创价值在于其开创了草根提供教学内容的教育实践模式，从根本上颠覆了传统学校体系中教师的资格和身份。与草根在淘宝网上开店类似，可汗学院

证明了在互联网时代，社会各界蕴含着大量具有价值的教育、教学资源，教师不是唯一能够为学生提供服务的教育力量。

可汗学院的成功为我们满足14亿中国人的终身学习需要提供了一个全新的思路与途径。如同淘宝网对传统实体零售业产生的巨大影响，如果有更多的“可汗学院”出现，“互联网＋教育”将可能在极大范围内实现“草根满足草根”的教育新格局，学校和传统意义上的教师不再是学生终身学习的唯一渠道。这种变化将会改变教育体系的要素和结构，它是一种生态体系的变革。

2. 翻转课堂/习本课堂改变了课堂教学的职能

翻转课堂(flipped classroom)的实践探索出现于2007年前后，美国的两位高中化学教师使用录屏工具录制教学视频，上传至网络，以此为缺席的学生补课。后来，这两位教师让学生在家观看教学视频，在课堂上完成作业，并对在学习中遇到困难的学生进行重点指导，这一教学模式进而发展成为现在的翻转课堂。

何克抗教授总结了翻转课堂的五个方面的创新效果：体现着混合式学习的优势，符合人类的认知规律，有助于构建新型师生关系，能促进教学资源的有效利用与研发，是“生成课程”这一全新理念的充分体现。①也有学者总结了翻转课堂在学校作息安排、学科适用性、教学过程中的信息技术支持、教师专业能力、学生自主学习能力与学习素养、教学评价方式等方面所体现的特点与面临的挑战。

我们认为，“翻转课堂”这一概念并没有很好地体现实践的创新本质。一种与翻转课堂同时进行的我国本土的教学创新实践——深圳罗湖区教育局刘荣青提出的“习本课堂”值得推荐。刘荣青认为，习本课堂是针对传统课堂只重视教学过程而忽视习得过程的价值回归，是对课堂结构中教、学、习三要素地位的重新规定，而不是简单的程序“翻转”。它是对课堂时空范围的新定义，是一次课堂运行机制变革，带动了师生行为方式的改变。可见，习本课堂来源于教育理论的创新，而翻转课堂则来源于运用技术的实践，两者殊途同归。

---

① 何克抗：《从“翻转课堂”的本质，看“翻转课堂”在我国的未来发展》，载《电化教育研究》，2014(7)。

从习本课堂的定义可以看出，习本课堂不是传统课堂的网络延伸和形式上的简单“翻转”，它是新型教学要素和教学关系的典型案例，是对传统教学职能的根本性改变。这种改变意味着教师的职能不再是呈现知识，而是设计学习活动、准备学习资源和促进学生学习。如果将传统的课堂教学类比为手工生产，那么翻转课堂/习本课堂就是工业化的教学，工业化教学对教学环境和教师的能力提出了全新的要求。因此，翻转课堂/习本课堂的创新本质是对传统教学的颠覆和变革。

3. MOOCs 创新了优质教育的开放服务模式

MOOCs 自诞生起便引起各领域大量的关注，丹尼尔在 MOOCs 迅猛发展的初期就结合各种新技术的发展，将 MOOCs 定义为基于互联网的低成本教育材料分发和共享工具。① 王永固等学者则从“资源+社区”的课程形态、在线学习的教育模式、MOOCs 的平台性质及促进知识创新的维度，充分诠释 MOOCs 的内涵。② MOOCs 对于传统教育的冲击引起了社会的高度关注，教育决策者、管理者、研究者以及一线教师等都纷纷在各种媒体上发出声音，高度关注 MOOCs 的变革作用。但对 MOOCs 创新内涵的认识差异很大，上述两位学者的观点代表了多数人对 MOOCs 变革作用的认识。

事实上，如果认为 MOOCs 的创新仅是基于网络的优质资源的低成本共享，那么其实开放教育资源运动、我国高校现代远程教育试点工程和我国高等学校网络精品课程早于 MOOCs 10 年就已经实现这一点了；如果认为 MOOCs 的创新仅在于在线学习平台、以讨论区为代表的线上交流方式，那么其实 20 世纪成立的广播电视大学系统、网络教育学院和传统大学的在线学习平台也早已经具备这些特征。事实上，MOOCs 对教育的变革作用并不在于资源共享渠道和教学交互方式方面。正如韩锡斌等学者总结的那样，cMOOCs 提出了数字时代基于网络分布式认知过程的学习理论——联通主义学习理论；xMOOCs 借助互联网，引入商业模式，

① John Daniel: “Making Sense of MOOCs: Musings in a Maze of Myth, Paradox and Possibility,” *Journal of Interactive Media in Education*, 2012(7), p1.

② 王永固、张庆：《MOOC：特征与学习机制》，载《教育研究》，2014(9)。

突破了百年来高等教育坚固的知识产业链。①

MOOCs为高等院校探索新的经费运作、质量保证和学分认证模式提供了新的机遇，为高等教育的组织机构和政策制定者们思考开放教育领域的变化提供了一个独特的视角。精英教育是大学普遍遵循和倡导的教育理念，但MOOCs作为信息时代的新型传播方式，变革了教育的社会属性，拓展和强化了高等学校人才培养的社会化服务职能。

我们通过对中国MOOCs的深入研究发现，多数MOOCs的教学方法都是基于行为主义和认知主义的xMOOCs。迄今为止，我们仅发现一门真正基于联通主义学习理论的cMOOCs课程，cMOOCs并不是MOOCs的主流。我们认为，尽管联通主义学习理论揭示了互联网时代由群体智慧汇聚的知识创新过程和学习过程，但尚未成为MOOCs的主要教学与学习方法，也不是社会对MOOCs的关注点，MOOCs在教学方法上并没有创新。

但MOOCs打破了近千年来人类所认为的理所当然的优质高等教育服务模式，即以专业为单位，以校园为场所，只面向少数精英的服务模式。MOOCs生动地展示了一种以课程为单位，基于网络的、灵活的、开放的优质高等教育服务模式，这种服务模式让所有人都可以自由选择和享受优质高等教育。MOOCs的创新本质在于实现了一种跨越高校围墙的优质课程服务模式，拆除了优质高等教育的国界门槛和考试门槛，缩小了优质高等教育的服务单元。

试想，如果有学分积累和转换制度做支撑，如果有足够多的MOOCs，那么每个人都可以在全球所有顶尖大学中自由选择适合自己的优质课程，通过灵活的学习，随时提高自身能力和学历水平，这样一来，就可以打造一个全新的优质高等教育资源全球开放的服务体系。与传统顶尖大学教育服务体系相比，这种服务体系能够更好地满足学习者个性化、优质、终身、灵活的学习需要，扩大优质高等教育资源的服务范围，实现优质高等教育的大众化。

当然，这种开放体系不仅依赖网络技术的支持，还需要开放的教育制度做支撑。我们从对MOOCs学习者的调查中发现，多数辍学者是因为

---

① 韩锡斌、翟文峰、程建钢：《cMOOC与xMOOC的辨证分析及高等教育生态链整合》，载《现代远程教育研究》，2013(6)。

MOOCs学分不被认可，难以保持可持续动机。传统的教育制度制约着MOOCs潜力的发挥，但“互联网+教育”实践的开放性时刻敲打着传统教育制度的围栏，就和每一次新时代到来之前的新事物和旧传统之间的对峙一样。

至此，我们可以对上述三个典型案例进行概括：可汗学院代表了一种草根提供教育资源的社会教育模式，翻转课堂/习本课堂代表了工业化的教学形态，MOOCs代表了优质教育资源的开放服务模式。这一切都预示着学校教育与社会教育、正式学习与非正式学习、在线学习与面对面学习之间的融合，预示着一种全新、开放的教育生态体系。正如《国家中长期教育改革和发展规划纲要（2010—2020年）》所明确指出的那样：“信息技术对教育发展具有革命性影响，必须予以高度重视。”

三、“互联网+”的关键特征

技术哲学研究中对于技术本质的认识存有争议，存在着“技术不是物”和“技术就是物”这两种对立的观点。陈昌曙认为，技术构成要素包括实体要素、智能要素和工艺要素，实体要素指的是工具、机器、设备等物质实体，智能要素指的是知识、经验、技能等，工艺要素指的是智能要素和物质实体结合的方式和运作的状态。① 由此可见，技术的本质不仅是工具，还包括使用主体对技术的认知及使用技术的工艺。对于技术本质的这种认识有助于我们认识互联网的本质。技术不仅展示了人对自然的能动关系，也是人类社会生活关系形成、存在、发展的根本力量和度量尺度，也就是说，技术是各种社会关系的体现。

互联网的实质是一种关系，“互联网+”的实质是关系及其智能连接方式，是对互联网技术中智能要素和工艺要素的重新认识与界定。② “互联网+”虽注重互联网技术的支撑作用，但更注重协作、开放、跨界等互联网思维在传统行业改革中的作用，注重把互联网作为创新要素纳入传统行业的改革。简单地说，就是以互联网为基础设施和创新要素，促使

① 陈昌曙：《技术哲学引论》，78页，北京，科学出版社，2012。

② 马化腾等：《互联网+：国家战略行动路线图》，9页，北京，中信出版社，2015。

信息通信技术与各行各业进行跨界融合。这种融合不是简单相加，而是创造传统行业新的发展业态。互联网可去中心化，改变信息不对称，解构过去的组织结构、社会结构与关系结构。

“互联网＋”具有四个核心特征。一是新的技术与先进的基础设施。云网端一体化的数字化智能基础设施，云计算、移动互联、物联网、3D打印、智能可穿戴技术等设备工具，为创新和发展提供了支撑。二是新的生产要素。数据与信息资源已成为各行业最核心的资产，大数据的涌现不仅改变着人们的生活与工作方式、企业的运作模式，甚至还引起了科学研究模式的根本性改变。三是新的社会空间。以互联网为基础，利用信息通信技术与各领域进行多维度的跨界融合，形成互联互通的社会网络关系，虚拟世界与现实世界的边界越来越模糊。四是新的业态体系。在互联网的影响下，新体制、新机制、新分工正在形成，随着电子信息技术和网络媒介的快速发展，信息的创造、复制和传播都在加速，使事物在“外爆”的同时也在加速“内爆”，推动着各行业优化、增长、创新，一种新的“互联网＋”生态正在形成。

四、“互联网＋教育”的内涵与本质特征

基于上述的分析，我们将“互联网＋教育”定义为：运用云计算、学习分析、物联网、人工智能、网络安全等新技术，跨越学校和班级的界限，面向学习者个体，提供优质、灵活、个性化教育的新型服务模式。这类教育服务的理念和组织方式不同于传统学校教育，是在线教育发展的新阶段，具有技术与教育融合创新的特征。

“互联网＋教育”面向知识经济时代教育的新需求，即社会飞速变化、劳动力人口能力不足、个体学习需要多样化等，提供更加灵活、个性化、优质的教育服务。尽管国家财政对教育的投入不断增加，但仍然有许多由教育引发的社会矛盾，如招生名额减少引发家长的不满，而招生名额减少只是一个导火线，其深层次的原因是学校教育无法满足日益增加的教育新需求。要解决这种矛盾，不能仅在学校教育的框架内寻找政策突破，须具有开放的视野，借助现代信息技术，构建全新的教育体系，让

每个人有更多的选择机会，让优质教育资源更容易被获得。

“互联网＋教育”的价值取向在于推动传统教育体系和教育制度的变革。这种价值取向不同于教育信息化起步与应用阶段的技术取向，变革取向决定了“互联网＋教育”实践的工作重点和难点不再是建设技术环境和推动技术应用，而是推动教育制度改革；关键角色不再是技术支持人员，而是一线教师、管理队伍和规划决策人员。

五、“互联网＋教育”的变革趋势

“互联网＋教育”的内涵和本质特征都充分说明，教育信息化要进入技术与教育深度融合的阶段，这个阶段的特点是互联网的开放性撬动传统学校教育封闭的大门，重构教育服务体系。MOOCs、可汗学院、翻转课堂/习本课堂只是不断涌现的“互联网＋教育”实践的冰山一角，虽具典型性，但绝不是全部。随着互联网技术、教育大数据、教育人工智能等现代信息技术的发展，深层次的教育需求和矛盾都将通过创新的服务模式得到回应，传统零售业和出租车行业的体系性变革将在教育领域上演，必将产生越来越多的“互联网＋教育”的创新实践。这种创新实践是一种颠覆性创新，会对传统的学校教育体系和管理制度提出挑战，最终的目标应是构建开放的教育服务体系，满足知识经济时代对教育的新需求。

开放的教育服务体系具有四个特征。第一，融合性。正式学习与非正式学习相融合，在线学习与课堂教学相融合，校内学习与校外学习相融合。第二，消费驱动的个性化服务。开放的教育服务体系改变了传统的配给制服务模式，允许学习者根据自己的需要选择，只有学习者选择了某个教育服务，消费才被认可。第三，汇聚性。开放的教育服务体系根植于社会生产生活中，面向学校、各类机构和普通公民等各类主体，汇聚所有具有教育价值的知识，供学习者选择。第四，协同性。互联网行业深度参与教育服务实践，成为教育体系的新要素，也成为教育创新的外部驱动力。

开放的教育服务体系需要两个系统做支撑：一是不断丰富和智能化的技术环境，二是开放的教育制度。技术环境建设可随着教育技术的发展，通过各级政府的财政投入逐步完成，是水到渠成的工作。开放的教育制度则是体制机制改革任务，具有综合性和复杂性的特点。开放的教育制度是构建开放的教育服务体系的关键，也是深化教育教学改革的难点，是当前制约"互联网＋教育"实践发展的主要因素。

例如，前面列举过的几个"互联网＋教育"的典型案例就迫切需要开放的教育制度作为支撑。MOOCs急需课程认证和学分积累制度，否则必将昙花一现。可汗学院需要面向社会资源的教学资格准入制度，否则，一方面，学校系统不能满足劳动力人力资本水平提升的现实需要；另一方面，大量社会教育资源被闲置，客观上造成浪费。翻转课堂则急需关于教师在线教学工作量的管理制度，否则教师不愿意在学校里开展在线教学，但愿意兼任有偿的网上辅导教师，造成教师资源的浪费，制约学校教学质量的提升。因此，在现阶段实施"互联网＋教育"行动计划，各级政府和教育主管部门应把工作重心放在构建开放的教育制度上。开放的教育制度的建设进程决定了"互联网＋教育"的发展速度，也决定了我国教育现代化的水平。

就当前我国教育发展所面临的许多难题来说，即使应用信息技术，在学校教育制度内也难以得到解决。只有采用开放教育的理念，以开放的教育制度为基础，通过技术创新更多开放的教育服务模式，这些问题才能迎刃而解。例如，《国家中长期教育改革和发展规划纲要(2010—2020年)》提出，到2020年，新增劳动力平均受教育年限从12.4年提高到13.5年，主要劳动年龄人口平均受教育年限从9.5年提高到11.2年。但受师资队伍的约束，常规办学的途径可能很难实现这一目标，需要另辟蹊径。试想，如果国家利用一流大学与一流学科建设的契机，要求我国顶尖大学将特色专业的优质课程用MOOCs的模式向社会开放，由正在试点的开放大学负责学生的学习支持服务，政府建立课程质量监管制度和学分银行制度，设立开放教育学位制度，允许所有人自由选择需要的课程，用灵活的方式参与学习，成果可以积累并被政府认可，那么这种"顶尖大学＋开放大学"的开放服务模式可以快速实现优质高等教育资源共享，提升劳动力人口的受教育年限和学历水平，满足小康社会的要求，支撑创新型国家建设。我国在改革开放初期成立的广播电视大学系统曾利用开放办学的优势，快速完成了劳动力学历补偿任务，搭建了一个合作共赢的办学系统，并培养出一支具有丰富办学经验的专业队伍。这种系统可以在新的历史阶段通过开放大学建设，再一次为人力资源强国建设创奇迹、立新功。

总之，构建开放的教育服务体系是社会发展的必然趋势。“互联网＋教育”行动计划吹响了加速发展的进军号，也指明了方向。“互联网＋教育”是教育信息化的新阶段和新机遇，使教育信息化进入深化教育服务模式改革的阶段。

第五章 “互联网+”时代开放教育体系的构建

“互联网+教育”的变革趋势指向一个开放的教育体系，其本质是大规模、个性化的开放教育体系，它能够为所有有意愿学习的人提供个性化学习服务，兼顾规模化教育和个性化学习需求。这一教育服务体系的构建不仅有着坚实的技术支撑，而且有着深刻的时代变革和教育发展背景。

一、开放教育服务体系构建的时代背景

1. 经济社会发展新常态对教育生态提出新要求

2012年，党的十八大从经济建设、政治建设、文化建设、社会建设、生态文明建设“五位一体”的角度阐释了建设中国特色社会主义的总体布局。从经济建设的角度看，在关于经济发展新常态的三个维度的阐释中，经济结构战略性调整和创新驱动发展是两个非常重要的维度。对经济结构进行战略性调整，实施创新驱动发展，转变经济发展方式，都离不开人力资源尤其是人才资源的支撑，这对我国现有的人力资源和人才资源建设提出了新要求。我国是人口大国和人力资源大国，但不是人力资源强国，更不是人才资源强国。《国家中长期人才发展规划纲要（2010—2020）》提出，到2020年“人才资源总量从现在的1.14亿人增加到1.8亿人，增长58%，人才资源占人力资源总量的比重提高到16%”“主要劳动年龄人口受过高等教育的比例达到20%”。《国家中长期教育改革和发展规划纲要（2010—2020年）》中关于人力资源开发的主要目标提到，具有高

等教育文化程度的人数要由2015年的14500万提升到19500万，主要劳动年龄人口平均受教育年限要由2015年的10.5年提升到11.2年，其中受过高等教育的比例要由15%提升到20%。产业链的变动引发对于人才链的新需求，进而推动教育链的变化。

大规模的教育需求对我国教育生态系统的生态承载力提出了挑战，教育生态系统的生态承载力受教育资源供给能力和环境发展支撑能力的影响。从目前我国经济社会发展对人才需求的紧迫性来看，环境发展支撑能力是足够的，因此要提高当前我国教育生态系统的生态承载力，就要提高教育资源供给能力。利用现代信息技术手段，充分整合利用现有资源，盘活教育资源的存量，大大提高教育资源的供给能力，进而提升教育生态系统的生态承载力，这是必然要选择的教育战略。在给定的生产投入条件下，在线教育实现的产出比传统教育方式具有更大的多样性。研发的数字化学习资源借助先进的技术手段可以覆盖更广范围，服务更多学习者，增加学习机会是发展远程教育推促动力。远程教育这一特点和优势符合当前我国经济社会发展对教育在发展规模与质量上的要求，对提升我国教育生态系统的生态承载力具有重要意义。从经济社会发展进入新常态的角度来看，大量的教育需求给能够支持大规模学习的远程教育带来了巨大的发展机遇。

2. 我国终身教育体系的构建依赖教育体系变革

人类社会进入知识社会，终身教育变得越来越重要。终身教育已成为教育改革的指导原则和组织原则，它被认为是教育应对当前和未来复杂挑战的不可或缺的工具。《中华人民共和国教育法》明确规定：“推进教育改革，推动各级各类教育协调发展、衔接融通，完善现代国民教育体系，健全终身教育体系，提高教育现代化水平。”党的十七大将“终身教育体系基本形成”列为实现全面建设小康社会的奋斗目标之一。《国家中长期教育改革和发展规划纲要(2010—2020年)》也提出要“构建体系完备的终身教育”。构建终身教育体系、建设学习型社会已成为我国的教育发展战略目标，也是全面建成小康社会目标中社会建设的重要方面。

2015年5月19日—22日，联合国教科文组织等机构在韩国仁川召开了2015年世界教育论坛，5月21日会议通过了《仁川宣言》。该宣言强调，2030 年的教育愿景是要实现包容和公平的全民优质教育和终身学习，承诺在所有环境中以及在各级教育中增加优质的全民终身学习机会；并要提供灵活的学习途径，承认、验证和认证通过非正规和非正式教育获得的知识、技能和能力；终身教育的价值取向在致力于为所有人提供教育机会保障的同时，更加注重面向所有人的个性化学习服务。

在线教育在为学习者提供个性化学习服务方面也具有明显的优势。在传统教育形式中，大规模教育与个性化学习之间似乎很难实现一种合理的平衡，而在线教育借助先进的技术手段以及创新的组织模式、服务模式和教学模式，在扩大教育规模和开展独立自主学习上取得了重要进展。

随着大数据技术发展并被引入教育领域，在线教育在实现大规模、个性化学习方面有了更加强有力的技术支撑和载体。长期以来，教育存在的主要问题之一是教育机构和教师难以针对每个学习者的教育需求和学习特点提供有针对性的教育服务，这与教育机构的服务能力有关，而更为重要的原因是没有一种便捷、有效的工具能够让教育机构与教师真正并及时了解学习者的个体差异。大数据技术的发展为建立基于大数据的综合评价体系，实现教育教学整体把握、精准管理和科学决策提供了可能。教育平台可记录、存储学习者的一切结构化、半结构化和非结构化的学习行为数据。借助大数据技术对这些数据和信息进行分析，一方面，可以分析出学习者的学习偏好与需求，能够有针对性地进行资源推送及支持服务；另一方面，教师可及时了解学习者的学习状况，及时调整教学整体安排，并为学习者提供有针对性的指导服务。

因此，从构建终身教育体系、为学习者提供个性化学习服务的角度看，我们也需要基于现代信息技术构建的开放教育服务体系。

3. 技术的快速发展为开放教育服务体系提供强力支撑

根据新技术的大量涌现与快速发展及其在教育领域的应用情况，可预见在新技术的支撑下教育会发生一系列深刻的变化。这些变化能够迎合现有教育框架与体制机制的需求，表现为教育改革发展的机遇。新技术带来的新机遇主要体现在以下四个方面。

一是提高教育的灵活性。现代信息技术的快速发展对教育的开放性支持越来越强，有效提高了灵活性、教育的灵活性。根据《国家信息化发展评价报告(2016)》发布的数据，截至2015年12月，我国网民规模达到6.88亿，手机网民规模达到6.20亿，占全部网民的90.1%。移动无线技术的发展方便学校把教育服务输送到偏远地区，在解决优质教育资源不均衡问题的同时，让时时、处处、人人学习成为可能。而且5G(第五代移动通信网络)技术的发展和应用可以实现以百兆带宽连接每个手机终端，移动学习将非常方便、快捷。

二是AR、VR技术和SNS(社交网络服务)等社会性软件在教育领域的应用，可以很好地解决远程教学中的实验实习问题和情境障碍问题，为学习者个性化、社会化、开放式的新型学习提供技术支撑。这些技术能够极大提高学习者的学习体验质量，增强学习者的学习兴趣和动力，进而提高学习者的学习参与度与学习质量。

三是大数据、学习分析技术可以及时、准确、连续地反映在线教与学活动的状态和效果，可以帮助教育机构准确地判断教师、学习者的教学和学习情况，能够对学习者、教师、研究人员、管理人员的教学与学习、研究与管理产生巨大的积极影响。更为重要的是，教育机构可以利用平台记录下来的教与学信息，更准确、更深入地认识学习者在线学习的规律和特点，从而为教育的发展提供坚实的学理支撑。

四是云技术的应用可以将所有学习者、教育者、专家、学习工具、学习资源、应用服务有效有序地联通起来，突破时空界限，构筑参与者众多、知识链复杂、学习生态协调、具有自适应性能力的学习服务生态系统。① 云技术一方面可以避免每所学校单独建一个信息孤岛现象的出现，可以让学校享有更多的公共资源；另一方面是十分重要但没有被充分认识到的，即云技术使办学机构的职能慢慢发生变化，有些非核心的业务可以交由其他专业机构来完成，如在我国远程教育实践中公共服务机构就承担了一些传统教育中办学机构的职能。

① 祝智庭、贺斌：《智慧教育：教育信息化的新境界》，载《电化教育研究》，2012(12)。

二、开放教育服务体系构建面临的挑战

经济社会发展新常态以及对构建终身教育体系的要求为开放教育服务体系的构建提供了难得的机遇，“互联网＋”战略为开放教育服务体系的构建奠定了良好的政策基础，技术的快速发展为开放教育服务体系的构建提供了坚实的技术支撑。“互联网＋教育”不是在线教育，而是一种变革的思路，是以互联网为基础设施和创新要素，创新教育的组织模式、服务模式、教学模式等，进而构建数字时代的新型教育服务体系的过程。

1. 知识观与教学法需要适应知识生产、传播、进化和分享模式的变革

信息通信技术在教育中的应用不仅转变了人们关于知识存在的认识，而且在一定程度上引起了知识产业链的重组，促进了生产、传播过程的变化，实现了知识民主化，打破了科学家的技术统治。知识生产、传播与消费链条的变化是知识在互联网时代所发生的最为显性的变化。xMOOCs突破了大学承担知识生产、传播与消费的完整链条，部分地实现了流程优化与再造。① 除显性变化外，在互联网的影响下，知识价值取向也在发生变化。传统知识观更注重普遍化知识、中立化知识、分科化知识、累积性知识，而随着知识霸权被解构，现代知识观更注重境域化知识、价值化知识、综合化知识和批判性知识，变得更加重视知识与人的意义关系。

课程对知识的处理直接关系到知识与人的关系和人在教育中的地位。我国现有教育在知识生产、传播与消费链条上还没有实现较大突破，还大多停留在普遍化知识、中立化知识与分科化知识的阶段，课程设计注重知识的系统性。即使是主要面向成人学习者的教育服务，也忽视了成人学习者积极性和主动性的发挥，坚持专家、教师的权威，教学以知识传递型策略和行为主义的方式为主，在教学实施中很少把学习者作为知识的建构者加以考虑，从而限制了高阶学习目标的达成。即便我国的现代远程教育所采取的混合式教学已经开展了将近20年，但也很少能够把

---

① 韩锡斌、翟文峰、程建钢：《cMOOC与xMOOC的辨证分析及高等教育生态链整合》，载《现代远程教育研究》，2013(6)。

学习者作为教与学的主体和知识的积极建构者加以考虑，更多是把线上学习与线下学习相结合，看似给予了学习者更多选择的空间，但实际上除了学习手段的变化和可选性增多外，在教与学上并没有多少本质的变化。

2. 教育服务需要形成"互联网+"的流程再造和模式创新

"互联网+"的第一层意义在于"+"连接的数据，连接一切的要义在于连接一切数据。信息技术的不断突破逐渐打破信息(数据)与其他要素的紧耦合关系，增强其流动性，以提升其使用范围和价值。"互联网+"的第二层意义在于通过数据的连接形成新的协议与合作，推进跨界融合。"互联网+"的落脚点是要形成新的发展业态与产业形态。"互联网+教育"谋求的不是教育的技术化或互联网化，而是以互联网为基础设施和创新要素，构建新的教育服务体系。在跨界融合、连接一切的互联网的推动下，教育的连接与融合体现在两个层面：一是教育行业内不同教育领域间及不同教育机构间的连接与融合，二是教育行业与其他行业的相互融合、渗透。这种连接与融合的结果之一是引起服务模式的变革。

技术导向的教育信息化模式借助先进的技术手段使有限的资源覆盖更为广阔的范围，在很大程度上提升了教育生态系统的生态承载力。而当经济社会发展与构建终身教育体系的目标对教育的生态承载力提出新要求时，单纯依靠技术的教育发展模式已经难以满足需求，需要以互联网为基础设施和创新要素，改革教育服务供给方式与服务模式，通过为部要素的重新组合优化来实现创新，以服务模式的创新盘活现有资源，进一步提升教育生态系统的生态承载力。互联网以其协同共享的连接能力为教育注入了新的要义，"互联网+"时代的教育服务模式应该走向公共服务的新范式。但现有教育的服务模式基本延续了单一机构相对封闭的服务模式，学生被限定在单一高校或教育机构中，教师也多以各校、各机构内部的教师为主，课程也以各校、各机构自建为主。虽然在现有远程教育实践中也有不同机构之间共建共享的课程，但由于教育制度与政策的限制，服务模式的创新依然较弱。

3. 教育体制机制尤其是质量保证体系亟待健全

"互联网+"在各个行业领域产生创新应用与新业态时，必然要在某些环节或整体上突破既有模式与路径，而这些突破创新可能得不到既有政策的支持，甚至会与既有制度相冲突，这要求各个行业不断调整与完善政策，为“互联网＋”在本行业领域内的创新应用提供充足的制度保障，并规范其发展。例如，“互联网＋”在金融行业的创新发展促使中国人民银行、财政部等部门联合发布了《关于促进互联网金融健康发展的指导意见》，而互联网金融统计制度也被纳入中国人民银行的银行业金融机构统计制度。“互联网＋”在教育领域的创新应用也需要相应的政策支撑与制度保障。

在经济社会发展进入新常态、对教育提出新要求、教育综合改革指向整体转型的时代背景下，教育制度的改革完善是推动和保障教育创新的重要力量。以中国高校远程教育为例，缺乏整体制度设计的中国高校远程教育面临着巨大的发展问题，尤其在国务院取消网络教育办学审批和学习中心设置审批后，处在关键时期的中国高校远程教育迷失在转折发展的十字路口。质量保证制度的缺失是中国高校远程教育政策不完善的集中体现，虽然现有政策多次强调要保证质量，要求机构加强质量管理，但没有将质量保证工作系统化。即使曾经实施过办学审批、学习中心设置审批、网络统考以及年报年检等措施，但因政策调整仅保留了网络统考，也就是说，既有政策因新的发展环境与要求不断调整，而新的质量保证制度没有及时建立。中国高校远程教育没有国家层面的质量保障标准，也没有形成一套科学、有效的质量保障模式，质量保证体系的缺失导致中国高校远程教育的质量声誉远远落后于其实际办学水平。

三、“互联网＋”时代开放教育服务体系构建的建议

当下互联网技术支撑的教育创新模式逐渐进入教育核心领域，并被寄予厚望。按照《国务院关于积极推进“互联网＋”行动的指导意见》所提出的“探索新型教育服务供给方式”的战略方向，中国教育信息化应推进以下几个方面的创新。

1. 创新人才培养方式，助力教育信息化发展

尽管每所学校在人才培养方面都有自身的定位和特点，培养的重点也都各有不同，但都应将创新能力的培养作为重中之重。创新能力表现

在模糊或复杂的情境中，是能够找出破解问题的方案的能力。教育实践中的创新比写文章或做产品的创新更为复杂，困难更大，具有极强的不确定性。为了促进中国教育信息化，我们必须改变人才培养方式，在培养过程中有意识地为学生创设发展创新能力的学习机会。

我国对学生创新思维的培养现状不容乐观。例如，许多高校的教育技术学专业都在培养方案中注明要培养学生的创新思维和实践能力，但现实令人尴尬——在中关村互联网教育创新中心的创业者中竟无一人是教育技术学专业的毕业生。在“互联网+教育”的热潮中，多数教育技术学专业的博士毕业生选择了象牙塔，造成这种局面的深层原因是教育技术学学科的人才培养未能为学生的创新创业做好准备。教育若要不辱使命，就必须将创新能力培养作为人才培养的主要目标，让学生走进实践、敢于创新。当今时代，唯创新者进。

2. 创新教学模式，促进深度学习与智慧学习

教学模式指在科学的理论基础上，为实现相应的教学目标而构建的较为稳定的教学结构和步骤。教学要素及其关系的变化可影响教学结构，进而影响教学模式的选择。目的、课程(内容)、方法、环境、教师、学生和反馈(评价)是教学活动的要素。① 在网络学习环境中，教学要素及其关系已经发生了深刻变化，这突出体现在课程(内容)、环境、方法以及教师与学生之间的关系上。互联网作为一个社会形态元素，正在为社会源源不断地输出新的内容、制造新的话题。远程学习不是参加一门具体课程的学习，而是加入对某一主题感兴趣的学习群体，通过群体关于这个主题的讨论及群体贡献的智慧来发展学习者关于这个主题的认知，在这一过程中，学习者要参与讨论并贡献自己的智慧。生成性与不确定性是在互联网影响下教学要素中课程(内容)要素所发生的最显著变化。由于多种技术媒体的介入，教学环境也发生了巨大变化。互联互通的智慧学习环境为教学提供了更便捷、更生动、更丰富的情境，进而能够支持多种教学方法的选择与使用，既有利于个体自主学习，也便于协作学习的组织；既能实施讲授式教学，亦可组织讨论式学习。虽然教师与学生

① 李秉德：《“教学设计”与教学论》，载《电化教育研究》，2000(10)。

之间关系的变化不仅在网络环境中发生，但在这一环境中体现得更为明显与充分。教师由学习的掌控者转变为学习的顾问、指导者，而学习者成为学习的主导者。

已有的基于行为主义、认知主义和建构主义的学习理论已经难以解释网络环境下的学习和cMOOCs的实践。[①] 由此，乔治·西蒙斯(George Siemens)提出了联通主义学习理论，认为知识不仅存在于学习者个体内部，也存在于个体外部；知识不仅存储在人脑内部成千上万神经细胞的联结之中，也存在于外部世界各种节点的联结之中；并基于这种知识观进一步提出学习是一个联结的过程。[②] 学习越来越像一个联结的过程，在各种节点相互联系的过程中，个人建立起了自己的知识网络，学习活动就发生在这些节点所构成的复杂关系之上。对联通主义学习理论的探讨推动了教学模式的变革。cMOOCs的教学模式使学习设计者、教学者、学习者和学习资源构成一个有机的整体，不仅关注批量知识传授的浅层次学习，还关注知识迁移和知识创造，使面向批判理解、信息整合、知识建构、迁移运用和问题解决的“深度学习”真正发生。[③] 中国远程教育应基于现代信息技术，构建智慧学习环境，设计开发开放性的教学内容体系，采取灵活多样的教学方法和评价方式，加强教师与学习者以及学习者之间的交互，构建数字化学习情境下的教学模式。

3. 创新服务模式，实现“草根服务草根”的同伴互助

《国务院关于积极推进“互联网＋”行动的指导意见》提出要“加快推动高等教育服务模式变革”。互联网作为教育生态系统数字化重构的起点与要素，推动了教育系统中的办学与服务主体、学术主体、教育内容等要素及其关系的变革，保证了服务模式创新的可能性。而在提高教育生态系统的生态承载力和满足教育开放性、灵活性的内在要求方面，教育须创新服务模式，从而更好应对经济社会发展新常态和构建终身教育体系的挑战。教育服务模式应实现以下两方面的创新。

---

① 陈丽、林世员：《MOOCs“飓风”现象的冷思考》，载《现代远距离教育》，2014(3)。

② George Siemens, “Connectivism: A Learning Theory for the Digital Age,” *International Journal of Instructional Technology & Distance Learning*, 2005(1), pp. 3-10.

③ 韩锡斌、翟文峰、程建钢：《cMOOC与xMOOC的辨证分析及高等教育生态链整合》，载《现代远程教育研究》，2013(6)。

第一，随着互联网连接一切、跨界融合基因在教育领域的渗透，所有正规教育机构、非正规教育机构及非教育机构之间都产生了直接或间接的联系，都处于大的教育生态系统网络中。教育要打破单一学校或机构独立提供教育服务的模式，以联盟合作等方式整合现有教育资源，走集团化公共服务的道路，以相关制度为支撑，变某一学校的课程、某一学校的学生、某一学校的教师和某一学校的学分为共同的课程、共同的学生、共同的教师和公认的学分。这不是资源开放共享与学分互认的简单操作，而是对教育生态体系的重构。

第二，随着 Web 2.0(第二代互联网)技术的发展，知识的分享与传播、用户之间的协作更为便捷。从知识生产的角度看，Web 2.0 在实现知识网络化的同时，通过用户的评价与分享将知识有机组织起来，实现知识的深化与创新，从而产生新的内容。用户在网络中的作用越来越大，实现了从浏览信息、单向接受转变为贡献知识与传播内容的角色转换。从交互性的角度看，Web 2.0 实现了以 P2P(对等网络)为主的交互，加强了用户之间的协作，使网络环境中的学习者通过丰富多元的交互工具，共同完成学习任务。因此，教育要基于互联网模式下知识权威的解构以及联通主义学习理论所倡导的学习情境，让学习者充分参与教和学的过程，建立同伴互助和“草根服务草根”的模式，让所有人的有益知识和服务都能进入教育服务体系。

4. 完善相关制度，构建以资历框架为核心的国家教育认证体系

第三次工业革命呼唤灵活、多样、开放、终身的个性化教育，在“互联网+”时代，教育需要进行服务模式、教学模式等方面的创新。随着我国教育改革张力和内部关联程度的不断加大，改革的复杂性、系统性的不断增强，单一方面的改革已经难以得到实质性推进，必须有相关配套政策制度的支撑。为配合教学模式、服务模式的创新，为在新时代背景下更好地履行职能，招生考试制度、教学管理制度、学籍管理制度、质量保障制度及学分积累与转换制度须进行改革和完善。

在构建终身教育体系和人才成长立交桥的诸多制度探索中，学习成果认证、积累与转换制度是一个具有基础性和先导性的制度。《国家中长期教育改革和发展规划纲要(2010—2020 年)》提出要“建立学习成果认证体系，建立‘学分银行’制度等”。2016 年 9 月，《教育部关于推进高等教育学分认定和转换工作的意见》提出：“探索建立多种形式学习成果认定机制，畅通不同类型学历教育、学历教育与非学历教育、校内教育与校外教育之间转换通道，促进优质教育资源开放共享，建立具有中国特色的学习成果认定和转换体系，促进各级各类教育纵向衔接、横向沟通，推动建设全民学习、终身学习的学习型社会。”2011 年教育部、财政部联合批准的“终身学习服务体系的建设与示范”系列项目专门设立了“高等学校继续教育课程学分标准及质量内涵和学分转移制度与机制的研究及应用”子项目，致力于研究并实践不同层次、类型的高等学校的本专科及非学历继续教育课程的学分标准及质量内涵和学分转移制度与机制，搭建学分转移信息化公共服务系统平台；研究建立学习成果认证和“学分银行”制度。后来，国家开放大学承担了“国家继续教育学习成果认证、积累与转换制度的研究与实践”项目，该项目于 2013 年年底通过验收。在理论研究推进的同时，我国关于学习成果认证、积累和转换的实践探索也在不同领域、区域开展。

尽管如此，我国学习成果认证、积累和转换制度仍不完善。我国终身教育体系的制度建设是从各个系统内部的学习成果认证制度建设入手的，忽略了更为基础的制度建设。[①] 而资历框架基础制度的缺失，使得我国学习成果认证、积累与转换制度缺乏基础制度的支撑，因而我国相关实践探索只能局限于某一地区、单一领域或系统内部，成为我国构建终身教育体系、建设学习型社会最大的制度性瓶颈。因此，国家教育行政部门应加快我国教育质量保障制度的建设，尤其是质量保障标准的制定，并依据现实国情建立教育质量保障机制，尽快建立完善教育质量保障体系。

随着技术的不断进步，尤其是“互联网＋”内涵与外延的持续发展，“互联网＋”推动的教育变革有不同的路径选择，不同教育领域、类型以及不同地区唯有结合自身特色开展积极的探索与尝试，才能探索出互联网环境中教育变革与发展的应有之道。党的十九大报告明确提出我国正

---

① 陈丽、郑勤华、谢浩等：《国际视野下的中国资历框架研究》，载《现代远程教育研究》，2013(4)。

处在“两个一百年”奋斗目标的历史交汇期，当前我国社会主要矛盾已经转化，人民的美好生活需要必然包含对美好教育的需要。美好的教育一定是包容和公平的教育，现有的教育体系与教育服务模式越来越无法满足人民群众终身的、个性化的学习需要，教育的系统性、综合性改革迫在眉睫。新型技术的不断发展、互联网在其他领域的变革所带来的创新实践，为教育的改革创新提供了鲜活的经验。我们完全有理由相信，未来的教育必然走向开放式的、以学习者为中心的、满足学习者终身学习需求的、个性化的教育服务，而且这一开放的教育体系能够在现代信息技术的支撑下建立和实现。

第六章　MOOCs的溯源、流行与变革潜力

MOOCs在2012年迅速升温，在世界范围内以井喷之势快速发展。2013年MOOCs进入中国，并迅速引发各方的积极回应。除一些著名国内高校加入国外知名MOOCs平台外，国内MOOCs平台也纷纷建立。2015年4月，《教育部关于加强高等学校在线开放课程建设应用与管理的意见》出台，对大规模在线开放课程做出了积极的回应。在此背景下，基于MOOCs的教育教学改革在国内也积极展开。

时至今日，MOOCs已经成为一个大家耳熟能详的名词，并一度被视为史无前例的教育改革创新运动。MOOCs为何能在2012年风靡全球并被寄予推动教育改革创新的殷切希望？在这背后有着怎样的教育信息化新阶段的发展？人们对于教育变革的追求及MOOCs本身触发了哪些教育创新的可能？对这些问题的探究能帮助我们更好地认识和利用MOOCs。

一、MOOCs的发展溯源

MOOCs的出现和爆发绝不是偶然的，在2012年之前MOOCs已经进行了长时间的酝酿和准备。2007年，美国犹他大学戴维·威利教授在维基上开设了“开放教育大纲导论”课程，其目的在于使世界各地的用户都可以分享课程资源。2008年1月，加拿大里贾纳大学的亚历克·克洛斯教授开设了网络课程“社会媒体与开放教育”，并邀请全球众多专家远程参与教学。这两门课程的开设与实验为MOOCs模式的诞生奠定了思想和技术基础，可以说是MOOCs的前身。2008年加拿大学者戴维·科米尔和布赖恩·亚历山大提出了“MOOCs”这一专有名词。2008年9月，加

拿大学者乔治·西蒙斯和斯蒂芬·唐斯应用这个概念开设了第一门真正的MOOCs——“连接主义与连接知识”。2011年，美国斯坦福大学塞巴斯蒂安·史朗教授把研究生课程“人工智能导论”发布到互联网上，吸引了来自190多个国家的16万名学生注册学习。随着这一前所未有的教育形式被报道，众多商业机构、风险投资家、媒体、知名高校加入了MOOCs浪潮，引起了全世界范围内的以MOOCs为代表的在线教育“海啸”。在线教育商业化公司Udacity、Coursera、edX等的创立则拉开了大家所熟悉的MOOCs快速发展的序幕。

MOOCs的出现离不开开放教育资源运动的长期铺垫。在MOOCs之前，开放教育资源运动已经进行了很多年。MOOCs与开放教育资源运动有着密切的联系，应该说，没有开放教育资源运动前期的积淀，就没有MOOCs的发展。开放教育资源运动由麻省理工学院于2001年启动，并逐渐在世界范围内开展起来。其开放的教育材料主要有三类：一是课堂讲义、作业和实验等相关资料，二是部分课堂视频和实验示范视频，三是各学科领域的主题资料。[①] 要想说清楚开放教育资源运动和MOOCs之间的密切关系，就应该回到课程资源与课程之间的学理关系上。课程的含义并不十分确定，不同的人在不同的语境下可能有着不同的理解。李秉德认为，课程就是课堂教学、课外学习及自学活动的内容纲要和目标体系，是教学和学生各种学习活动的总体规划及其过程。[②] 从这个定义可以看出，课程由两大部分组成，即课程内容和教与学活动。课程资源有广义和狭义之分。广义的课程资源包括课程内容资源、师资资源、教室和实验资源等所有支撑课程开展的资源；狭义的课程资源指的是课程内容的载体资源，包括教材、网络课程、素材库等资源。通过麻省理工学院开放教育资源运动所开放的三类资源可以看出，开放教育资源运动主要指向课程内容载体资源，其开放的是课程内容。

MOOCs作为大规模在线开放课程，不仅要开放课程内容，而且要开放教与学的活动，否则就不能被称为“课程”。在开放教育资源运动前期

---

① 郑勤华、陈丽、林世员：《互联网＋教育：中国MOOCs建设与发展》，3页，北京，电子工业出版社，2016。

② 李秉德：《教学论》，156页，北京，人民教育出版社，1991。

积淀的基础上，MOOCs进一步开放了教与学活动，这是MOOCs与开放教育资源运动的本质区别。

二、MOOCs的流行契机

从上面的分析我们可以看出，开放教育资源运动的积累为MOOCs的产生提供了条件，这是MOOCs发展的内部准备。经过10多年的内部酝酿和不断进化完善，从资源的开放转向资源和教与学活动的开放准备就绪，所需要的是外部提供一个契机。而这一外部契机在21世纪第二个10年的开端悄然来临。

这一外部契机体现在两个方面：一是现代信息技术对人类生产生活方式的影响在更广的范围和更深的层面显现出来，对教育领域的影响也发生了结构性的转变，部分发达国家和地区的教育信息化开始迈入融合、创新阶段；二是人类的教育追求伴随着第三次工业革命的推进，越来越倾向于灵活、多样、开放、终身的个性化教育，更加注重在保证教育规模的基础上追求个性化的教育，对教育公平的内涵有了更深层次的认识和理解。

关于教育信息化方面的契机，我们可以从美国和中国的教育信息化政策中找到证据。2010年，美国第四期国家教育技术计划《改革美国教育：技术推动的学习》提出要对教育系统进行革命性变革而不是渐进式改良，敦促各级教育体系依托技术重新设计教育结构和过程，使教育体系更具灵活性和有效性。无独有偶，同年中国发布的《国家中长期教育改革和发展规划纲要(2010—2020年)》指出“信息技术对教育发展具有革命性影响”。应该说，教育信息化发展开始转向融合、创新阶段，各国教育信息化政策开始关注现代信息技术对教育的系统性影响，并试图构建全新的数字时代的教育系统和教育服务模式。

关于价值追求转变为MOOCs发展带来的契机，我们可以从2015年联合国教科文组织发布的一系列文件和报告中找到证据。联合国教科文组织携手联合国儿童基金会、世界银行等机构于2015年5月19日—22日在韩国仁川召开了2015年世界教育论坛，5月21日会议通过了《仁川宣言》。该宣言强调要实现包容和公平的全民优质教育和终身学习，并就包容和公平的教育从规模化、个性化角度提出了未来教育的发展方向。2015年11月4日，第38届联合国教科文组织全体大会通过了《教育2030行动框架》，该文件的制定是为了落实《仁川宣言》。同时，联合国教科文组织还发布了《反思教育：向"全球共同核心利益"的理念转变》报告。《教育2030行动框架》和《反思教育：向"全球共同核心利益"的理念转变》提出了新的教育价值定位，即教育是全人类的共同核心利益，是实现全球可持续发展的关键。这超越了个体或国家的思考单位，上升到全球和整个人类社会未来发展的高度。① 尤其值得关注的是，《反思教育：向"全球共同核心利益"的理念转变》重新界定了知识、学习与教育，改变、拓展了对知识、学习和教育的认识，知识由知道是什么、为什么进一步延伸到了如何运用知识，知识的境域化特征进一步凸显，这些变化已经具备了生态变化的趋势。

MOOCs是教育信息化在融合、创新阶段的典型实践，也是人们为追求包容和公平教育在实践领域的有益尝试。教育信息化的宗旨在于推动教育变革，使教育满足信息时代对人才培养目标、培养模式和管理方式的要求，实现教育现代化。因此，教育信息化的价值取向是推动改革与创新。以教育信息化带动教育现代化，破解制约我国教育发展的难题，促进教育的创新与变革，是加快我国从教育大国向教育强国迈进的重大战略抉择。MOOCs的出现契合了"互联网＋教育"的变革趋势，MOOCs自身具备的开放、大规模特征以及它所展现的以课程为单位的革命性服务模式为开放教育提供了思路。将MOOCs的创新理念纳入我们的开放教育并以此为指导，加快制定和完善开放教育制度，制订切实有效的行动计划，支持和催生更多创新教育服务模式，有助于我国率先解决人类教育面临的三个重大问题——公平、质量和终身学习，创造中国教育弯道超车的奇迹，为全面建成小康社会、实现中华民族伟大复兴的中国梦提供人力资源保障。

---

① 滕珺：《教育是全人类共同核心利益——联合国教科文组织成立70周年提出教育新理念》，载《中国教育报》，2015-11-22。

三、MOOCs的创新与变革潜力

MOOCs向全社会彰显了技术对教育所具有的巨大影响潜能，它是推动教育与技术深度融合的催化剂。MOOCs是在线教育的一种形式，在线教育并不只是MOOCs。“在线教育”并非一个新名词，10多年前我们就已经知道了在线教育的概念，但在线教育一直没有得到很好的推广和应用。我国在资源建设上下了很大功夫，如鼓励高校建设自己的网络学院、开发精品课程，但由于种种原因，这些投入大量精力开发出来的网络课程、花重金建立起来的教育网站等的应用效果并不理想。不只在我国，美国高等教育界也曾将在线教育视为一种低等的教育模式，在线教育的意义更侧重于对线下教育的补充，曾被给予厚望的在线教育陷入了十分尴尬的境地。

1. MOOCs促进教育资源共享

MOOCs的含义是大规模在线开放课程，MOOCs自诞生就承载着人们对“开放”的期望，MOOCs也确实在一定程度上做到了资源共享。从国外、国内的MOOCs平台来看，学习者可以免费或花少量的钱来学习一流大学的课程，MOOCs的出现打破了高等教育的围墙，让优质教育资源走出校园，为更多人服务。MOOCs的这种特点对于中国这种发展中国家尤其重要。我国地域辽阔，地域发展不均衡导致教育资源配置不均衡，传统教育解决教育不公平问题的能力极为有限，我国开展多年的远程教育也没达到预期的效果。MOOCs的到来让更多人有机会接触一流大学的教育资源，MOOCs崭新的教育服务模式为我国高等教育的普及提供了新的思路。MOOCs开放共享的教育资源对于教育资源匮乏的地区来说尤为重要。利用MOOCs平台，教师可以开展基于优质资源的翻转课堂，教育资源缺乏的高校可以开展线上线下混合式教学。当然，教育不公平的问题仅靠MOOCs的发展来解决是不可能的，但在改善资源所造成的教育不均衡现象方面，MOOCs提供的帮助是巨大的。

2. MOOCs引发教与学的创新

MOOCs对在线教育及高等教育的冲击是巨大的，MOOCs教与学模式的出现大大促进了在线教育教与学模式的变革。在MOOCs的基础上衍生出了多种在线学习新模式，如SPOC(小规模私密在线课程)、Mobi-MOOC(移动公播课)、DOCC(分布式开放协作课)等。[①] 新的MOOCs教学模式打破了之前网络课程及精品课程单向的视频授课形式，在为学习者提供免费世界名校名师授课视频的同时，将学习进程、师生互动、生生互动环节通过网络平台完整地、系统地展现。学习者可以自由选择自己感兴趣的课程，并且可以在教师开课后自行决定自己的学习时间和学习进度。在线交流、课堂测验、生生互评、自我管理学习进度等形式带给学习者全新的学习体验。

MOOCs的发展进一步激起了研究者对教育信息化背景下高等教育变革的关注。学者们探讨的主题涉及高等教育的各个方面，较典型的包括MOOCs对高等教育的冲击与破坏性创新、教学模式变革与创新、课程建设、管理制度变革、知识产业链、高等教育与课程市场、文化战略、教育体制、高等教育生态等众多方面。张少刚从MOOCs所代表的在线教育理念与学校管理制度的碰撞这一角度，阐释了现代信息技术所推动的教育发展对教育管理制度变革的诉求；[②] 韩锡斌、翟文峰、程建钢认为，cMOOCs提出了适合数字时代的基于网络分布式认知过程的学习理论和教学模式，xMOOCs借助互联网，引入商业模式，突破了百年来高等教育坚固的“知识产业链”。[③]

3. MOOCs实现教育服务模式创新

由于既有教育的强区分性，教育被限制在一个个独立的教育机构中，而MOOCs的发展让高等教育服务由封闭走向开放，其超常规发展和教育组织模式使单一机构提供的学习支持捉襟见肘，这让一些提供教育专项服务的机构进入高等教育领域。MOOCs在发展初期就出现了专业化分工的现象，如负责提供资源的高校机构、负责平台搭建与运行的专业技术公司、为MOOCs发展提供资金支持的风险投资公司与公益基金机构。这

---

① 祝智庭、刘名卓：《“后MOOC”时期的在线学习新样式》，载《开放教育研究》，2014(3)。

② 张少刚：《MOOCs：网络教育观念与学校管理制度的碰撞》，载《中国高教研究》，2013(12)。

③ 韩锡斌、翟文峰、程建钢：《cMOOC与xMOOC的辨证分析及高等教育生态链整合》，载《现代远程教育研究》，2013(6)。

些机构相互合作，在MOOCs发展中形成了新型合作模式，为专业化公共服务的产生与发展创造了条件。例如，Coursera、FutureLearn等平台委托专业的考试公司，利用其全球考试中心提供线下考试服务。这并不是公共服务模式在教育领域的首次出现，如我国的现代远程教育实践就建立了公共服务体系，以社会化公共服务的方式为远程教育机构和学习者提供相关服务。

4. MOOCs推动教育组织模式创新

面对来自世界各地学习者的多样化学习需求，单一教育机构的教育承载能力和服务能力已经难以应对，迫切需要整合各方资源。xMOOCs集聚了世界范围内知名高校的优质课程，使以往以单一教育机构提供教育服务的组织模式转变为众多教育机构通过协议、联盟等形式共同提供教育服务的模式。xMOOCs向所有学习者免费开放，任何学习者注册课程、完成各项学习任务并通过考核后即可获得学分或课程证书，而所获得的学分能够被其他教育机构认可。以相关制度为支撑，将某一学校的课程、某一学校的学生、某一学校的教师及某一学校的学分变为共同的课程、共同的学生、共同的教师和公认的学分，如我国上海高校课程共享中心的课程，学习者注册学习后，其学习成果能够被其他机构认可。这不是资源开放共享与学分互认的简单操作，而是基于教育组织模式变革的教育生态体系重构。

信息技术改变了纸媒介环境中全社会信息交换的成本，大大降低了人类合作中信息搜寻和匹配的交易成本，因而引起了传统行业的组织流程再造。依赖网络系统所提供的生产要素供应和市场需求信息，企业家可以在世界范围内组织生产。① 正基于此，xMOOCs的教育组织实施突破了地域的限制，在更为广阔的空间中进行，如edX平台的宣传口号——“加入超过500万学习者并且仍在不断扩大的全球学习社区”。众多MOOCs平台集中全球知名高校和机构的优质教育资源，面向全球的学习者提供教育服务，允许多种方式登录，只要能上网，世界各地的学生可以注册任何一门MOOCs，不受地域的限制。如Coursera与28个国家

① 郭文革、陈丽、陈庚：《互联网基因与新、旧网络教育——从MOOC谈起》，载《北京大学教育评论》，2013(4)。

和地区的140个机构进行合作，有来自世界各地的1600多万名学习者注册学习。

5. MOOCs创新对教育变革的意义

以MOOCs为代表的在线教育触及教育问题的根本，并提供了一种潜在的解决方案，引起了各行各业对教育问题尤其是高等教育问题的深入集体反思。MOOCs所涉及的不仅是教学模式变革等与教与学相关的问题，还包括经济、管理、体制、文化等方方面面。MOOCs的影响更多体现在教育组织模式、服务模式的宏观层面，而非仅体现在课程建设、教与学的微观层面。

MOOCs在短时间内引起全世界范围内如此大的浪潮和震动不是偶然的，具有在特定的时代背景下应对教育发展过程中的问题的典型性和特殊性含义。乔治·西蒙斯认为它是学习者知识需求的多样性增加、各种先进技术的可访问性提高以及学习者的学习能力增强的必然产物，而大学也对MOOCs快速响应。① 我国学者从互联网推动各行各业变革的视角，指出在开放、免费的互联网技术所具有的大数据和流程再造的功能与特性使各个行业都产生深刻变革的时代背景下，MOOCs的发展是教育领域产生变革的必然过程，这场变革已经开始打造并将造就全新的教育，而MOOCs只是这场变革的一个引子。② MOOCs除传递了人们所追求的优质、开放、创新、自主的教育理想外，也折射出了公众和教育工作者们对教育从封闭走向开放的极大兴趣追求。③

因此，以MOOCs为代表的新的在线教育对整个教育系统的变革来说意义重大。它代表了一种可解构教育机构(包括远程的和基于校园的)传统服务方式的颠覆性潜能，它将重构教育服务产品与业务流程。MOOCs的潜力对高等教育市场，高等教育国际化和全球化，普通高等学校传统教育教学模式的创新和改革，学校、学分、学籍管理，以及未来各国人力资源的开发和竞争力的提升等方面已产生且将继续产生巨大的冲击和

① Siemens G, "Neoliberalism and MOOCs: Amplifying Nonsense," http://www.elearnspace.org/blog/2013/07/08/neoliberalism-and-moocs-amplifying-nonsense/, 2018-03-25.

② 郭文革、陈丽、陈庚：《互联网基因与新、旧网络教育——从MOOC谈起》，载《北京大学教育评论》，2013(4)。

③ 祝智庭、闫寒冰、魏非：《观照MOOCs的开放教育正能量》，载《开放教育研究》，2013(6)。

影响。[①] MOOCs 推动的优质资源与学习过程的免费开放和大规模学习，将使传统学校教育和远程教育的教学方式、学习方式、组织方式和商业模式发生质的变化。MOOCs 将促使组织结构重组，进而推动教学管理模式的再造和教育价值的重建。最终 MOOCs 这种颠覆性技术将在模糊传统教育和网络教育界限的同时，推动一个技术高度融合、高质量、灵活、全纳和终身的开放教育时代的到来。

MOOCs 是在线教育的典型实践，并彰显了其在推动教育信息化走向融合和创新阶段的巨大潜能，如何顺应以 MOOCs 为核心的在线教育潮流，从起步和应用阶段向融合和创新阶段发展，是我国教育信息化战略规划必须解决的问题。要解决这一问题，保证以 MOOCs 为代表的在线教育推动我国教育信息化的快速健康发展，首先要进一步明晰我国教育信息化的实施成效与挑战，并深入探究 MOOCs 的本质、作用、创新和挑战。在此基础上，重点研究如何充分发挥 MOOCs 的潜力，绘制教育信息化走向融合和创新的战略蓝图。众所周知，教育信息化是复杂的概念与实践，它并不仅限于教育，其与政治、经济、文化有着非常密切的联系，因此与之相关的体制机制和支撑环境的设计与保障对战略蓝图的实现至关重要。只有将整体的战略设计转变成推动我国教育变革的具体行动方案，才能将以 MOOCs 为代表的教育信息化推动教育变革的成果落到实处。

---

① [加]特里·安德森、[中]王志军：《希望/冒险：大规模开放网络课程(MOOCs)与开放远程教育》，载《中国电化教育》，2014(1)。

第七章　利用 MOOCs 构建开放教育生态系统

MOOCs 的创新本质展现了现代信息技术支撑教育系统性深度变革的可能性。尽管单一的典型案例并不一定代表事物发展的自然状态和必然趋势，但在可能的方向上进行努力探索和行动建构是教育研究和改革应做的。利用 MOOCs 构建一种开放的教育生态系统值得探究和尝试。

一、教育生态系统对开放教育生态系统构建的启示

1. 教育生态系统概述

教育生态学诞生于 20 世纪 60 年代，借鉴生态学理论对教学系统进行研究，分析系统各要素的关系，从而揭示基本规律。国外学者对教育生态学研究对象的认识颇不一致，但都强调生态学的基本精神：综合、联系、平衡。在信息技术的冲击下，新技术元素不断进入高等教育生态系统，促使其发展变化并达到新的平衡。

我们在中国知网上使用关键词“高等教育生态”“教育生态”等进行检索，共检索出 2001 年 1 月—2015 年 12 月的文献 1681 篇。年度文献量的变化如图 7-1 所示。可以看出，2001 年以来，国内教育生态方面的研究呈稳步上升的趋势，反映出国内学者对教育生态理论及高等教育生态方面的关注日益增加。

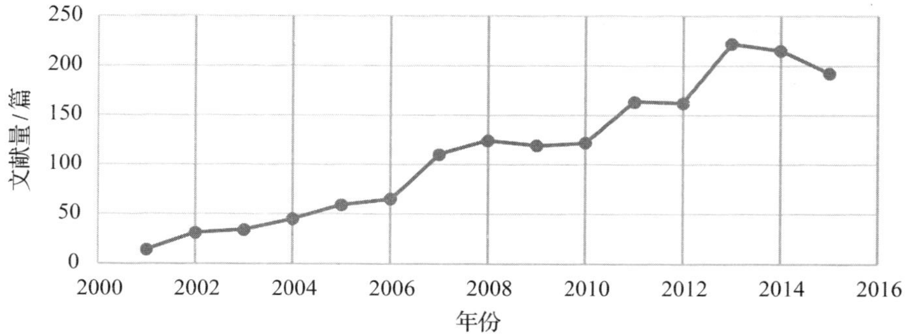

图 7-1 教育生态方面的年度文献量变化

从相关研究的关键词分布来看，教育生态学理论被应用在各种教育相关领域的研究中，包括高等教育、基础教育、职业教育、教师发展、创业教育、城市建设与公众终身学习等。出现较多的关键词有“教育生态”“高校”“高等教育”等，希望解决的问题主要包括优化结构、缩小区域教育差距等。

教育生态系统是有机的、复杂的、统一的，系统内各因子有机地联系，且动态地呈现出统一与矛盾、平衡与失衡的状态。在教育信息化背景下，信息技术介入教育系统的各个层面，信息工具的使用激发了从教学层面到管理层面各要素的重新组合，从激荡到平衡。无论是软硬件等新技术要素的出现还是在线教育、公开课、MOOCs 这种新兴教育形式的进化，都给现有高等教育生态系统带来物种的演变、淘汰以及建立新联系等变化，促使生态系统向开放性、多样化、健壮化发展。

生态学强调，完整系统中的各个因素不能从环境中分离出来，系统内物种与环境相互作用，具有能量转换、物质循环代谢和信息传递等功能。高等教育内部各要素同样无法与其所在的校园环境以及社会环境分割并与之互相影响，课程要素亦然。在线课程于校内发展成熟后，必然要向社会推广，无论其目的是服务社会、造福人类还是文化侵略，MOOCs 的诞生是在线课程成熟化的必然结果。虽然不少学者批判 MOOCs 并未在理论上有创新之处，但 MOOCs 的诞生的确震惊了世界。中国高校习惯将在线课程划归于继续教育领域，保守的政策不允许普通本科生课程施行面授与在线课程相结合的方式，如今却被 MOOCs 一脚踢开了大门。MOOCs成为各个高校的热点话题，以MOOCs为代表的在线教育会再一次冲击传统的学习环境及方式。

2. 教育生态体系的模型构建与要素分析

在对生态系统结构与要素的研究中，研究者比较注重引入生态学理论建构高等教育系统，试图借鉴生态系统自我发展的特点，解决高等教育系统的可持续发展问题。此类研究关注的问题与学术观点包括：梳理高等教育生态环境的层次与生态因子，提出高等教育生态环境的可持续性发展问题。

教育生态环境指影响教育活动的一切外界因素的总和，包括自然环境、社会环境、学校环境、家庭环境等。有学者从物理空间来研究高等教育生态环境，并认为高等教育生态环境分为国际环境、国内环境和个体生态环境三个层次，并由政治环境、经济环境、文化环境三个因子组成。高等教育生态环境与自然生态系统的最大区别在于它的制度生态特征。可以从三个层次来看高等教育的生态环境。第一，个体层次，即高等教育机构中的成员，如学生、教师、职工。如同自然生态中的生物个体，他们是高等教育生态系统中的个体。以个体发展为主线，研究个体以外的环境对个体生理、心理、成长等的各种影响，有助于揭示个体生态发展的规律。第二，高校层次。高校是个体及其校内环境的集合，又是省级区域生态系统中的“个体”。高校之间既存在竞争，又有合作，高校发展是省内高等教育发展的基础和关键。第三，区域层次。以个体和高校为主体，纵向上不同层次的教育与横向上不同地区的教育构成省、国家乃至全球的教育生态系统，体现出教育生态系统与自然系统非常类似的层级结构。① 下一级受到上一级的影响，同时又推动着上一级的演化。

可以将生态系统要素分为宏观与微观两个方面，宏观要素包括政治、经济、文化等方面，微观要素包括课程、教学、技术要素等方面。下面针对研究者分析较多的政治、经济、文化三个要素进行综述分析。

第一，政治要素。高等教育依托于一定的政治环境而存在，不同的

① 王锋：《教育生态视域下江苏高教发展研究》，博士学位论文，南京林业大学，2014。

政治环境催生出不同的高等教育形态。如果一个社会的政治是平衡的、自由的、开放的，那么将会孕育出包容、自由、创新的高等教育；如果一个社会的政治是封闭的、集权制的、审判官式的，它的高等教育也将是封闭的、毫无生气的。大学的发展离不开其政治环境，政治的决策力也决定着大学的兴衰起落，若社会政治为大学创造一个自由、包容的氛围，大学便能在这片沃土上滋生出丰硕的果实，为人类社会的发展和文明的进步做出不朽的贡献。

第二，经济要素。高等教育在经济投入与向社会输送人才两方面受到经济要素的制约，经济与教育的关系十分密切。我国高等教育经费投入的增长速度远远落后于国内生产总值的增长速度。尤其在2003—2007年高校扩招阶段，国家财政投入的增加跟不上高等教育的快速发展，高等教育人均投入教育经费的增长率低于人均国内生产总值的增长率。

第三，文化要素。学术生态概念是高等教育的独特之处，包括权威的构成和地位、学术民主的状况、等级职位的流动性、信息资料的占有方式、知识传播的通路、研究组织的构造、学术权力与行政权力的关系、资源的配给方式、学术评价的机制、教学的内容和形式、教学的组织等，它们形成一个相对系统的学术生态。学术生态系统充满适应与不适应、平衡与不平衡、共生与竞争、退化与进步的矛盾运动。这个系统的优化即让人与环境协调发展、人与社会共同进步，实现效率与公平兼容。

教育生态系统的构建需要宏观与微观等要素，也离不开可持续发展问题。阻碍可持续发展的问题包括：生态系统脆弱、失衡，物种单一，制度死板，人的自然性受到压抑；东西部发展不平衡，需要通过生态理论找到改善西部高校的办学条件、保障教育的生存环境的方法。但此阶段的研究并未对这些问题提出有效解决策略。①

3. 教育生态系统的可持续性发展对物种多样性的需求

对筛选出的132篇以“可持续发展”为主题的文献进行分析可以发现，研究的内容从对关注可持续发展问题的呼吁转向具体策略的研究，开始分析阻碍可持续发展的外部及内部各种具体因素。影响教育生态系统健

① 余珊珊：《高等教育生态结构的层次分析》，载《高等教育研究》，2004(4)。

康的主要因素有以下几方面。

(1)外部的政策影响因素

宏观结构不平衡包括层次结构、形式结构、科类结构、布局结构和管理结构等政策调整问题。例如，层次结构包括各层次高校的比例构成，形式结构包括成人高等教育、职业高等教育等教育类型之间的比例关系，布局结构包括东西部不同区域的平衡问题。

政策也会直接影响高等教育生态系统内部。例如，有教学计划的课程存在结构不平衡的问题，这一问题包括三方面：一是专业口径狭窄，专业划分越来越细，专业数越来越多，这使得学生进入社会后的工作转移能力和发展后劲不足；二是知识结构单一，一切服务于专业，没有体现一个人的全面成长要求，这就使学生的专业背景知识单薄，知识视野不够；三是培养规格统一，即不考虑学校与学生的差异，按一种规格培养，不仅统一专业设置，而且统一教学计划、教材和要求，这种高度统一化的教育模式阻碍了学校及学生的多元发展。

(2)物种单一导致系统脆弱失衡

高等教育系统与其环境之间、不同教育生态主体之间在运动变化过程中一直经历着由平衡到失衡再到新的平衡的动态发展过程。平衡指在一定时间内和相对稳定的条件下，系统的结构与功能处于相互适应与协调的动态之中。但生态系统的自我调节能力是有条件、有限度的，当外界的政策干扰超过系统本身的承受极限时，调节就不再起作用，以致系统无法通过自我调节来恢复其相对稳定的状态，这就是生态平衡失调。

相比于国外的高等教育，我国的专业设置、课程形式、考核形式等都呈现出物种单一化现象。物种越单一的生态系统，其自我调节能力越差，平衡能力越弱。相反，有多样化物种的生态系统的健壮性及调整能力较强。

(3)对开放性及物种多样化的憧憬

高等教育系统与环境之间有物质、能量、信息的交换。例如，办学经费和科研经费的投入是能量流，设备设施、仪器、器材等的投入是物质流，能量流、物质流不足，必然限制高等教育事业发展的规模、速度，同时也会限制高等教育教学和科研的质量与水平的提高。信息流的匮乏则会影响高等教育观念的更新以及教学内容、教学方式的变革。从高等教育生态微观系统要素来分析，相比于欧美国家，我国的校园、课程资源、课程形式等均有封闭化、单一化等特点，这不利于对学习者的国际视野与21世纪所需要的人才素养的培养。虽然国家大力开展国际交流项目等，但投入成本高，难以获得长期效果，获益人数少。相比于物质流与能量流，信息流更灵活，较易进行改革，且信息技术提供了开放的教育资源流动形式。高等教育系统需要有新的资源流动关系，应加强开放性与资源、课程的多样化。

4. MOOCs 促进开放性与物种多样化的新平衡

当今时代高等教育的发展日益受到外部因素的影响，联合国教科文组织指出，当代的教育面临着世界性危机，主要表现为教育与环境之间的变迁、不适应和不平衡。其列举了教育与环境之间不平衡的主要表现：一是日益过时的陈旧课程内容与知识增长、学生现实学习需求之间的不平衡；二是教育与社会发展需要之间的不适应性；三是教育与就业之间日益严重的不协调和不平衡，以及社会各阶层之间严重的教育不平等；四是教育费用的增加与各国将资金用于教育的能力和愿望之间日益扩大的差距；等等。①针对造成这些表现的因素的分析指出，世界范围内科技、经济、政治、人口和社会结构等环境发生了剧烈变化，尽管教育内部也在积极地适应这种变化，但适应的速度赶不上环境变化的速度，因而产生了不平衡。因此，推动高等教育的长足发展，必须从生态学角度来探究外部环境及内部环境中促进和限制高等教育健康发展的因素。

技术要素在教育生态系统研究中已占据突出位置。例如，《cMOOC与xMOOC的辨证分析及高等教育生态链整合》一文的引用率创本领域文献引用率的新高，远远超越其他文献。在线课程、技术支持的学习等生态要素受MOOCs运动的冲击与推动，成为高等教育生态系统中闪亮的一环，引起了研究者的广泛关注。研究者开始寄希望于MOOCs及技术支持的学习。

汪琼、张桐在《2014年美国慕课发展回顾》一文中指出，MOOCs平

---

① ［美］菲利浦·库姆斯：《世界教育危机》，3页，北京，人民教育出版社，2001。

台提供多样化的盈利模式，注重国际化工作，通过多语种服务使欧美高校的课程迅速传播到不同国家；对于MOOCs这样一个新兴物种，有追捧与质疑两方面的态度，追捧者认为它将撼动或替代高等教育系统，质疑者则认为它没有可持续发展的可能。① 传统的基于课程的大学教育传播知识的速度越来越滞后于知识增长的速度，也无法适应网络化知识产生、传播和应用的方式，这正是MOOCs出现并掀起热潮的原因。有学者认为高等教育从单纯面授的模式转变为在线模式或混合模式已成为不可逆转的趋势。②

事实证明，MOOCs并未像人们所预言的那样替代传统高等教育或迅速消亡，相反，MOOCs与传统课堂形成了互利共生的生态关系，在整个生态系统中健康地发展。生态学认为不同物种间有负相互作用(negative interaction)和正相互作用(positive interaction)。刘贵华认为共生包括共贫共生和共荣共生的两种极端形式及其变式。③ MOOCs与传统课堂形成了互利共生的关系，是两个物种之间最强的和最有利的作用方式。近年来研究者对MOOCs的学习者、课程设置、与高校传统课程的关系等多方面进行了研究，发现MOOCs在推动学习者行为转变、提高学习动机、拓展学习者国际化视野等方面均有显著成效。

教育受到传统文化与现代文化环境的影响的同时，也会进行选择、传播、传承、发扬和创造。而在这个时代，文化传承却遭遇了前所未有的挑战，高等教育存在着道德危机、质量危机、大学精神失落、观念陈旧、形象扭曲、大学使命钝化、文化缺失、目标偏移等问题。高等教育一方面传承、传播优秀传统文化，另一方面致力于培养国际化精英人才，对外国文化也有一定的选择与吸收。具有国际视野、创新能力的人才是目前高校的培养目标，MOOCs的出现在一定程度上让我国大学生直接参与并体验欧美高校的课程，与世界各国的学生一起协作完成学习任务。MOOCs在低成本、易操作的前提下培养了学习者的国际视野与创新能

① 汪琼、张桐：《2014年美国慕课发展回顾》，载《电化教育研究》，2015(4)。

② 韩锡斌、翟文峰、程建钢：《cMOOC与xMOOC的辨证分析及高等教育生态链整合》，载《现代远程教育研究》，2013(6)。

③ 刘贵华：《大学学术生态研究》，博士学位论文，华东师范大学，2002。

力。MOOCs的显著作用是打破高校课程的封闭状态，增强系统的开放性。在MOOCs的冲击下，中国高等教育如何在与国际接轨的同时，保证自我民族文化的稳固和发展，达成变化性与连续性的平衡，这是高等教育生态研究面临的新问题。

二、MOOCs视角下开放教育生态系统的构建

MOOCs掀起的全球效应、技术的不断成熟、知识生产和传播的变化、学习方式的变化等正在推进高等教育的深刻变革。同时，大众期待着大学能引导和改变终身学习，承担文化传播和精神文明建设的社会责任。

1. 优化生态区域资源配置，MOOCs应被纳入高等教育长期战略

我国高等教育生态系统的东西部区域发展不平衡，导致高等教育系统区域结构失衡，失衡因素包括高等教育资源的区域分布、投入、教育质量及区域文化等方面。① 这种生态区域差距在很大程度上影响了西部地区的人力资源乃至整个社会的可持续发展能力和区域竞争力。为了弥补西部教育资源的不足，多媒体教学资源、开放教学资源等技术手段被寄予厚望，并有多种教育资源平台与资源库被开发，但收效并不理想。资源库数量庞大却多以信息孤岛的形式存在，无法实现真正的共享；另外，资源的质量也不尽如人意，版本老旧，教师在使用时需花费大量时间搜索、筛选、改造资源，这大大增加了备课时间成本，资源的实用性不强。

高等教育生态系统的运行有其生态关联性、生态适应性、生态互融性，并通过可控性达到生态平衡。② MOOCs的出现无疑为高等教育资源要素与课程要素提供了提升适应性、互融性的有利条件。MOOCs及国际优秀开放教育资源通常是由顶尖高校的专家团队推出的，所有开放的MOOCs处于其最佳利用期，课程结束即告关闭，在下次开放前会根据需要进行版本更新。其资源的先进性、分享的高效性被视为课程改革获得

① 刘贵华：《大学学术生态研究》，博士学位论文，华东师范大学，2002。

② 李守可：《教育生态学视野下高等教育生态系统运行机制探析》，载《中国成人教育》，2014(18)。

成功的重要因素。①

有学者指出，我国高等教育资源现存的问题是“单位所有制”比较严重，缺乏资源共享，高等教育资源流动不起来，使整个高等教育生态系统变成了一潭死水，毫无生机。MOOCs 面向社会提供开放的共享环境，提高了资源流动共享的效率。高等教育资源是丰富多彩的，各种资源间是相互关联的，每种资源除了单独作用于高等教育生态系统，还以整体的形式对系统产生影响。MOOCs 不仅带来了优质的资源，也展现了欧美高校先进的课程设计方式，为我国高等教育教学改革提供了新视野。在我国东西部高等教育发展差异问题方面，MOOCs 无疑是值得尝试的解决方案。但目前 MOOCs 在高校内的应用仅表现为小范围的课堂改革尝试或学习者出于个人兴趣的学习，MOOCs 的学分并不能得到高校认可，这无疑是阻碍 MOOCs 发挥作用的因素。从世界范围内兴起的开放教育资源运动来看，越来越多的高校和机构选择开放其优质教育资源，以更加积极的心态迎接这一挑战，并引导高等教育的变革之路。如果有相应的战略政策支持，MOOCs 无疑会在教育生态系统中发挥更大的作用。

2. 课程生态位部分重叠促进健康发展，教学系统应从单一走向开放融合

高等教育生态位指高等教育的主体和客体的每一个教育单元、教育区域、教育个体的基本状态、整体水平及趋向。② 在高等教育生态体系中，生态位是影响和决定高等教育生态平衡的一个重要元素。③ 生态平衡是由食物链的合理串联形成的，处于食物链低端的种群，其弱势地位反而使其成为生存相对稳定的基础种群④，与高端种群在共融的生态属性支持下形成复杂多元的生态系统。⑤ 种群依各自不同的生态位置而进行协作与分工，保证整个生态系统的相对稳定，同时也提高了生态系统的存活

① Ivan Srba & Maria Bielikova, “Dynamic Group Formation as an Approach to Collaborative Learning Support,” *IEEE Transactions on Learning Technologies*, 2015(2), pp. 173-186.

② Niklas Luhmann, *Trust and Power*, Hoboken, John Wiley & Sons, 2017, p. 237.

③ 纪秋颖、林健：《基于生态位理论的高校核心能力分析》，载《黑龙江高教研究》，2006(5)。

④ Gary Holmes & Nick Hooper, “Core Competence and Education,” *Higher Education*, 2000(3), pp. 247-258.

⑤ 刘开森、魏立志：《关于高校生态教育的若干思考》，载《教育探索》，2009(2)。

质量。[①] 高等教育系统中，各个单元生态位的关系可分为三种形式：生态位高度重叠、生态位部分重叠、生态位完全分离。其中，生态系统平衡性的理想状态不是完全分离的状态，而是生态位部分重叠的状态。

在我国高等教育生态系统中，上到高等院校的设置，下到课程、资源、机构设置等，同质化、无序化、结构性失衡等状况既造成生态位重叠，也造成生态位空缺。只有主动地进行结构性调整，促进错位发展，才能改变生态位重叠的状况，并有效地填补生态位空缺，重构高等教育生态秩序，有效满足公众与社会的多样化需求。就高等教育资源的问题而言，非理性竞争是造成生态位重叠、生态位不合理扩张和生态位层次混乱等问题的主要因素。[②] 只有实施生态位理性分离、生态位合理扩张、提高生态弹性力等策略，才能提升高等院校的生态适应能力，拓展其生态空间，优化其与环境的匹配度与适应性，促使其健康发展。[③]

MOOCs、在线课程、开放教育资源共享等手段是调整教育资源生态位的有效手段。例如，高校传统课程与在线课程或 MOOCs 的生态位之间存在部分重叠的关系。目前的教育政策思路是这样的：高校以面授课程为主，学生在校学习，因而学生不存在远距离上课的需求，没必要设置在线课程；在线课程的学生资源、教师资源、课程内容与面授课程重叠，会形成竞争关系，但若使面授课程面向在校本科生、在线课程面向继续教育等学习者，生态位分离，则不存在竞争关系，从而可使双方都有充分的存活空间。然而，这种生态位分离并不是最佳状态。生态位部分重叠符合生态平衡所要求的生态多样性、丰富性的特征，有利于种群间不同的生态位个体形成合理、适度的竞争，进而激活生态位之间相互牵制、共同发展的可持续属性。事实证明，MOOCs 在大学生中颇受欢迎，它与大学传统面授课程既有补充又有竞争关系，促进了课程的生态多样性，拓展了学习者选择资源的空间，获得了共同发展的可持续属性。教育部也提出积极探索学籍、学分、学习证书等制度改革，建立适合个性化学

---

① 刘鹏：《从人类中心主义到生态中心主义：梭罗生态哲学阐析》，载《齐鲁学刊》，2009(1)。

② 朱振林：《生态位重叠与生态位空场：生态系统视角下高等学校的错位发展》，载《黑龙江高教研究》，2013(4)。

③ 邢运凯：《生态平衡语境下的我国高职教育生态位分析》，载《职教论坛》，2012(7)。

习和终身教育的在线教育教学管理制度。这些都将为改变我国封闭的教学系统和整齐划一的教学模式提供机遇。

3. MOOCs 增强生态承载力，高质量、低成本的终身教育成为可能

一旦高等教育的规模发展超出了教育资源的承受能力，高等教育资源的供给和再生能力就会受到破坏、失去平衡，最终将导致整个高等教育系统失去平衡。我国的高校扩招、只重视资源数量而对高等教育资源质量把关不严等问题，造成对高等教育资源承载力的要求超过了其可接受的阈值，从而产生高等教育资源配置失衡现象。高等教育系统的规模扩展使高等教育生态系统负载加大，同时引发其与教育质量的冲突。这种失衡与冲突不仅表现在高校内部，社会大众的教育需求与教育公共服务之间也存在失衡问题。

同时，相对于我国人口而言，我国高校仍不能满足大众的教育需求。非正式学习、终身学习、公众道德教育等问题的解决需要政府和大学提供大量的教育服务，但如今缺乏相应的政策引导和支持；在传统的面对面培训方面，规模的扩大也带来了成本的增加或教育质量的降低。MOOCs 等在线学习则是更好的解决方案，无论是校内教学服务还是社会教育服务，在线学习、混合学习等方式可以解决人才资源缺乏、设备缺乏等引发的教育资源失衡问题。MOOCs 在促进高校资源共享与流动、提升高校教育资源承载力的同时，向社会大众提供教育服务，提升了社会教育资源的承载力。

Coursera、Udacity 和 edX 等平台虽然还在起步阶段，与主流的高校教学平台尚有差距，但其势头迅猛，促使各国争相开发自己的 MOOCs 平台。① Coursera 面向非英语国家提供翻译字幕，并发布移动版，让学生自由下载课程材料并离线阅读。Udacity 比较注重用户的职业发展和终身学习。英国开放大学推出 FutureLearn，提供著名大学开设的高质量课程，增加人们接受高等教育的机会；加拿大等国家也建立了 MOOCs 平台，提供非传统的教育课程，促进公众的终身学习。

---

① 程璐楠、韩锡斌、程建钢：《MOOC 平台的多元化创新发展及其影响》，载《远程教育杂志》，2014(2)。

第八章　以 MOOCs 为代表的在线教育教与学新模式

在把握 MOOCs 创新本质及构建开放教育生态体系的基础上，我们需要从教与学规律的角度揭示在线教育的特殊规律和最新发展，为我国教育信息化特别是在线教育发展的新战略制定提供教与学理论上的支撑。本章探讨 MOOCs 作为一种典型的在线教育模式对在线教育教与学模式的变革与启发，以及其对网络环境中的人才培养方式的创新。

一、MOOCs 教与学模式的分析

基于对 MOOCs 及其他在线课程的典型教与学模式案例的研究，我们构建了以 MOOCs 为代表的在线教育教与学模式六维度分析模型。该模型强调技术对在线教育的支撑作用，从理论基础、教学要素及其关系、教学方法、课程资源、教学评价、支持服务六个维度对在线教育的教与学模式进行分析，如图 8-1 所示。

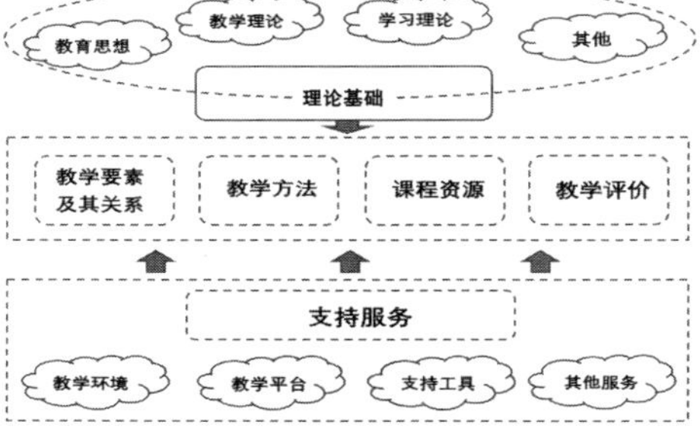

图 8-1　在线教育教与学模式六维度分析模型

理论基础是构建教学模式的教学思想和依据，体现了教学活动所追求的价值取向。教学要素及其关系是教师、学生、内容和媒体以及它们之间的关系结构。教学方法是教学过程中教师和学生为实现教学目的、完成教学任务而进行的教与学相互作用的活动方式的总称。课程资源是课程与教学信息的来源，包括一切对课程和教学有用的物质资源和人力资源。教学评价是对教师的教与学生的学相统一的教学活动进行价值判断的过程。支持服务是支持教学模式有效开展的各种客观条件，如技术性和服务性支持等。这六个维度相互联系，各自发挥不同的作用。其中，理论基础处于分析模型的顶层，它统摄全局，起着重要的指导作用，是教与学模式的构建依据和价值基础，直接影响并决定着教学要素及其关系的建立、教学方法的变革、课程资源的建设、教学评价的开展以及所提供的支持服务类型，从而影响整个教学过程的动态平衡。支持服务处于分析模型的底层，是实施教学活动的重要支撑，它辅助教学实施过程中的各要素发挥作用。分析模型的中间层包括教学要素及其关系、教学方法、课程资源、教学评价，是教学实施的具体过程。

1. 基于联通主义学习理论的cMOOCs教与学模式

MOOCs强调把所有学习者的想法连接在一起以获得更多的知识，这种理念源于联通主义学习理论。联通主义是乔治·西蒙斯在2005年提出的一种互联网时代的学习理论，其基本思想是：知识是网络化连接的，学习是连接专门节点和信息源的过程。

(1)理论基础

cMOOCs教与学模式的理论基础是联通主义学习理论，即知识是网络化连接的，学习是连接专门节点和信息源的过程。联通主义学习理论强调知识的网状结构，认为学习是不断增加和去掉关联节点，建立连接，形成知识网络的过程。学习者所学习的知识不仅在个体内部，还存在于个体外部。cMOOCs教与学模式注重联通网络中不同的思想、观点，引发知识迁移，强调创造、自治和社会网络学习，注重对学习者高阶思维能力的培养。①

---

① George Siemens, "Connectivism: A Learning Theory for the Digital Age," *International Journal of Instructional Technology & Distance Learning*, 2005(1), pp. 3-10.

(2)教学要素及其关系

cMOOCs 教与学模式的教学要素主要是教师、学习者、课程主题和社交媒体。

教师是课程的组织者，是学习者学习的促进者，影响和塑造整个网络。课程组织者承担的任务包括七方面：一是发布主题，提醒学习者注意重要的知识点；二是进行课程辅导，安排阅读资源，帮助学习者理解新的概念；三是指明方向，通过社交网络为学习者解惑；四是收集信息，通过提炼有效观点，使讨论和内容更加清楚；五是过滤信息，帮助学习者排除无用信息；六是主动建模，展示已有成果的信息和交互模式；七是保持出现，担任持久的课程和活动的监察者。①

学习者是学习的掌控者，是知识网络的构建者及创造者。学习者参与话题讨论，分享个人在网络中获得的学习资源、创意、优秀作品、反思总结等，自主选择课程资源或挖掘其他资源，发表话题或围绕已有话题参与讨论，分享创作。

课程主题由教师预设，课程内容是师生共建、动态生成的。课程主题由教师引导学习者相互探讨形成，并随课程进展而不断变化和调整。

社交媒体是学习者学习和形成知识节点的重要工具。网络是学习者学习活动发生的环境，它连接课程组织者、学习者及领域专家。社交媒体如博客、论坛等，用于学习者之间的互动交流，分享个人学习资源、创意与成果，是学习者参与学习和形成知识节点的重要工具，是学习者和教师互动交流的关键平台。

(3)教学方法

cMOOCs 教与学模式的教学方法主要有主题探究式教学法、自主学习法、协作学习法。例如，在“联通主义与连接性知识”课程中，课程组织者采用主题探究式教学法，每周为学习者提供一个探究主题；学习者采用自主学习法，通过对多种学习资源的汇聚、混合、运用与分享，不断寻径、意会、创造；学习者之间建立起学习共同体，通过协作学习开展主题探究，针对同一主题于论坛中互动讨论，分享观点，建立知识节

① 王志军、陈丽：《联通主义学习理论及其最新进展》，载《开放教育研究》，2014(5)。

点，形成知识联结，构建知识网络。

(4)课程资源

cMOOCs教与学模式中的课程资源形态是分布式、非结构化的，且种类繁多，表现形式多样。例如，“联通主义与连接性知识”的课程资源主要由课程网站和参与者之间互动形成的动态资源组成，包括主频道聊天、阅读讨论、每日简报、简报档案、RSS(简易信息聚合)、OPML(大纲处理标记语言)提要列表、论坛资源、社交媒体资源等，以及学习者、学科专家、课程组织者等不断互动生成的新型课程资源。

(5)教学评价

由于联通主义学习理论强调开放自主的个性化学习，强调学习者设置个人独特的学习目标，学习者根据自身实际需求与兴趣自主参与学习，因此cMOOCs教与学模式并不关注对学习者的评价。例如，“个人学习环境、网络与知识2010”课程并未涉及正式的教学评价。但是，当课程与学分挂钩时，则须对学生的学习进行评价，从而保证教学质量。[①]

(6)支持服务

在cMOOCs教与学模式中，支持服务包括技术类支持、学习类支持和情感类支持等，这些支持服务为学习者自主学习提供了重要的支撑，主要有三种形式。其一，教师开发专门的gRSShopper[②]工具来聚合以社交媒体和Web 2.0技术为核心的技术生态系统，以支持开放内容的发布与学习者的分布式学习。其二，学习者根据自身个性与外部要求，选择合适的工具(如思维导图)，建立连接个体内部心理与外部环境知识的可视化过程。其三，教师通过社会性软件联通分散的学习者，并借助论坛、博客等社交媒体，为学习者提供形成个人身份认同和社区归属感的情感支持服务。

(7)cMOOCs教学与模式的特点

cMOOCs在教学理念上注重基于联通主义的知识建构，强调学习者对知识的获取与创造。该模式具有两大特点：一是与传统课堂教学不同，

---

① 王志军、陈丽、郑勤华：《MOOCs的发展脉络及其三种实践形式》，载《中国电化教育》，2014(7)。

② gRSShopper是一种聚集、组织、分配资源以支持在线学习的工具。

教师是课程的组织者而非主导者，在 cMOOCs 教与学模式中，教师提供的资源是知识探究的出发点；二是要求学习者自身具有较高的学习自主性，在 cMOOCs 教与学模式中，学习依赖于学习者的自我调控，需要学习者自发地交流、协作、建立连接、构建学习网络。

该课程的教学模式有以下两方面优点。一是教学内容以话题的形式引发，教学内容动态生成。课程组织者根据历年学习者的学习情况及实际需要发起一系列话题，引导学习者学习，教学内容由学习者获得的学习资源和学习成果动态生成。二是教学策略以自主学习策略为主，辅以协作学习策略。学习者自主选择教师提供的主题或自选感兴趣的内容独立学习，通过连接到不同的知识网络、学习空间建立知识节点，形成个人知识网络。学习者之间在论坛中开展合作学习，建立学习共同体，探索新知识、新观点、新想法，最终实现对知识的理解与重构。课程安排实时对话，促进学习者深入学习；为学习者提供与领域专家实时对话的机会，让学习者与领域专家进行深层交流，促进学习者学习。

该课程的教学模式也有不足之处：对学习者自身的学习自主性要求极高，完全依赖学习者自身在网络中建立连接、形成更大的知识网络；课程评价方式不全面，不能有效判断学习者的学习情况与学习效果；适用范围较窄，仅适用于意志力强、目标性强的学习者，且需长期积累才能形成创造性思维。

2. 基于行为主义学习理论的 xMOOCs 教与学模式

xMOOCs 是 MOOCs 的一种新形式，以 2012 年发展迅速的 Coursera、Udacity、edX 等平台为代表。xMOOCs 与 cMOOCs 都是基于网络的大规模在线学习课程，但两者具有不同的应用模式。与 cMOOCs 相比，xMOOCs 更接近于传统教学过程。xMOOCs 教与学模式如图8-2所示。xMOOCs 教与学模式更侧重知识的传播和复制，强调视频、作业和测试等学习方式。作为一种新型开放课程，xMOOCs 基于信息技术的支持，在社会组织、教育机构等的参与和推动下，提供了新的开放课程资源与学习方式，构建了一个由技术环境、社会环境和教学环境组成的学习生态系统。利用 xMOOCs，在教学模式上可以设计自主学习模式和翻转课堂模式，在学习支持上可以提供课程索引、评价、推荐等功能，在学习分析上可以提供支持课程海量数据的学习分析，提高学习系统的适应性。xMOOCs 为开放教育带来了革新和新的研究问题。

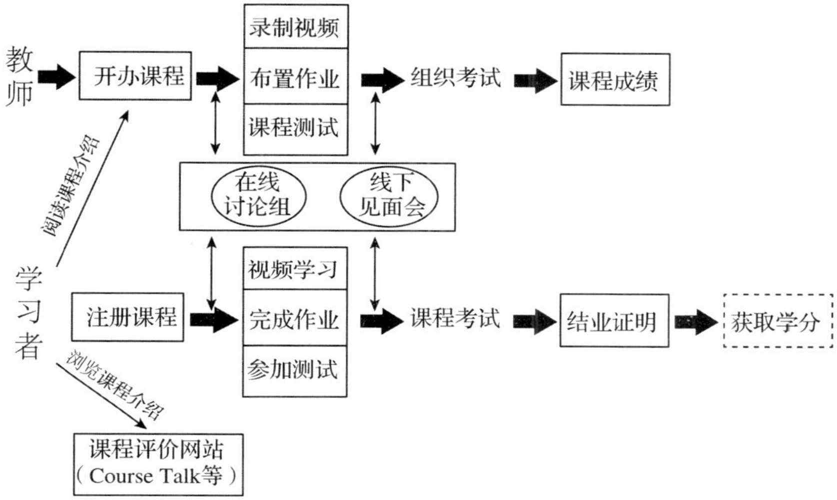

图 8-2　xMOOCs 教与学模式

(1)理论基础

xMOOCs 教与学模式以行为主义学习理论为主要理论基础。行为主义学习理论的基本观点是注重学习者对外部刺激的反应，强调学习是刺激和反应的联结；主张通过强化和模仿来形成和改变行为，强化是学习成功的关键；学习的过程是渐进的，认识事物是由部分到整体的。xMOOCs 教与学模式的教学内容组织与传播形式体现了斯金纳的程序教学的基本原理，如：分割知识点，按照特定时间序列发布教学内容，体现小步子原理；在每段视频中间或之后呈现练习，体现强化原理；学生做完测试后，系统自动评价，体现及时反馈原理；等等。

(2)教学要素及其关系

教师是课程的创设者、知识的传授者、学生学习的控制者，分为主讲教师与助教。主讲教师是课程创设者，主要负责制定教学大纲，录制课程视频，布置课程作业，进行相关内容的答疑等；助教是课程的协调者，负责在讨论区中发起讨论，回答学习者提出的问题，讲解相关练习，发布课程时间，拓展各种学习资料，协调学习小组讨论，审核学习者提交作业的完整性，等等。

学习者是课程学习的主体，是知识的接受者。学习者根据教师提供的课程材料和资源，在开课期间自定步调、自主学习，完成相应的课程作业，在讨论区提问或评论，建立学习小组，参与课程问题讨论。

教学内容是由教师设定的结构化、系统化内容，主要包括教师提供的授课视频、拓展的学习资料、参考教材等。

课程平台是课程运行的载体，是教学活动开展的重要支撑。学习者登录课程平台进行学习，利用平台上的论坛或其他方式建立在线讨论小组进行互动交流。师生之间依赖课程平台进行双向互动，学生之间通过平台中的讨论区开展互动交流。该模式中，教师在课程平台上发布教学视频、课件、测试等课程内容，学生在一定时间内自定步调完成课程学习。

(3)教学方法

xMOOCs教与学模式中最常用的教学方法是讲授法、讨论法、自主学习法、合作学习法等。例如，“财务分析与决策”这一课程中，教师采用讲授法讲解基本财务知识；“唐诗经典”这一课程中，教师采用讲授法、读书指导法和讨论法进行知识讲授与拓展。

(4)课程资源

xMOOCs平台众多，课程资源系统完整、形式多样，包括软硬件资源和人力资源。软硬件资源主要包括课件资源和拓展资源，且以碎片化的视频课件为主。人力资源主要有教师、学生、助教等。例如，“电路和电子学1：基本电路分析”课程除了提供教学视频、在线测试外，还提供了丰富的拓展资源，如视频和文本资源的链接、网站链接、推荐书单、专有名词解释等。

（5）教学评价

xMOOCs 教与学模式常用的教学评价是形成性评价与总结性评价，以机器自动评价为主，辅以同伴互评和教师评价。该模式在授课视频中嵌入了即时测试和课后客观题作业，均由机器自动评分；其他类型的作业如论文、实践操作等，主要采用学生自评、同伴互评的方式，部分由教师评价；教师根据学生的平时作业完成情况、期中和期末考试成绩进行总结性评价，为学生颁发课程认证证书或数字徽章。

（6）支持服务

xMOOCs 教与学模式包括平台支持和管理支持等服务。课程平台为学生学习、交流提供支持，如 edX、学堂在线等平台一般有公告、课件、讨论区、扩展学习资料、学习进度等模块。计算机类课程还会为学生提供必要的编程工具或环境支持，例如，“Python 交互式编程导论（第一部分）”课程为学生搭建了在线编程环境。第三方软件的纳入，如微博、微信、邮箱等，便于学生交流与及时获取课程信息和学习资源，也为学生个人信息管理提供支持服务。

（7）xMOOCs 教与学模式的特点

xMOOCs 更接近传统的教学过程和理念，是基于内容的学习，侧重于知识的快速传播，强调视频学习、完成作业和测试等学习方式。xMOOCs 教与学模式是程序化的教学模式，课程知识是事先确定的、结构化的、系统化的，综合运用形成性评价、总结性评价等评价方式。然而，xMOOCs 的教学实施过程普遍存在教学策略单一，难以满足学习者多样化学习需求，难以给予学习者个性化指导，师生、生生交互不足，难以发挥学习者评价主动性等问题。

3. 基于建构主义学习理论的 tMOOCs 教与学模式

建构主义学习理论强调以学生为中心，在整个教学过程中，教师起组织者、指导者、帮助者和促进者的作用，利用情景、协作、会话等学习环境要素充分发挥学生的主动性、积极性和创新精神，最终达到使学生有效地实现对当前所学知识的意义建构的目的。tMOOCs 教与学模式如图 8-3 所示。

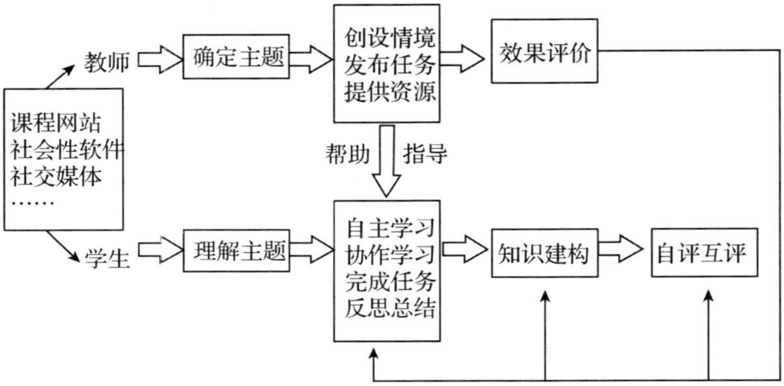

图 8-3 tMOOCs 教与学模式

(1)理论基础

tMOOCs 教与学模式的理论基础是建构主义学习理论，建构主义学习理论的基本观点是以学生为中心，强调学习者对知识的主动探索、主动发现和对所学知识的意义建构，强调学习的社会互动性和情境性。例如，“DS 106(2015 秋季)”课程以任务为导向，由教师确定主题、创设情境、发布任务、提供资源，学生理解主题，利用丰富的学习资源进行自主、协作学习，充分发挥主动性、创造性，重新认识和编码信息，重组认知结构，实现对知识的意义建构。

(2)教学要素及其关系

该教学模式下的教学要素包含教师、学习者、课程情境、课程网站与社交媒体，核心要素为教师、学习者和课程情景。

教师是课程的组织者，负责发布每周课程任务，提供相关学习材料、资源，通知参与活动、上交作业等。

学习者是学习过程的主体。学习者根据教师提供的课程材料和资源，阅读、思考、自主创作，并在网上发布帖子，评论他人作品，完成每日创建、每周总结，通过博客或其他媒体来分享故事或任务想法等。

课程情境包括每周的学习子任务、每周总结及最终项目等。

课程网站主要包括首页、教学大纲、每周任务、每周展示、最新帖子、最新评论、每月档案等模块。学习者可在课程网站免费获取或购买教师提供的资源，下载一些免费或开源软件，阅读某些经典材料，收听指定电台，观看相关电影，等等。

社交媒体，如博客、雅虎网络相册、优兔、谷歌等用于上传个人作品、发布帖子、分享各种数字故事、相互评价、交流等的平台。

该模式下各教学要素间的关系结构主要有以下三方面。

其一，教师是任务的设计者、组织者，是任务情境的创设者，负责学习材料的加工，在线指导学习者完成数字故事创作，监督学习者的参与度，组织学习者互评，对学习者学习进行形成性与总结性评价，等等。

其二，学习者独立或者小组协作完成每周指定的任务，叙述课程学习体验，积极参与课程活动，完成每周总结。学习者之间通过社交媒体建立学习共同体，进行互动交流，完成相关任务，最终将作品、成果发布在网上进行分享或者互评。

其三，课程网站与社交媒体是教师组织教学，师生、生生之间进行互动交流的载体。教师通过课程网站发布任务、材料、资源等，通过社交媒体与学习者进行互动交流；学习者利用课程网站与社交媒体下载视频、软件，阅读各种评论，发布帖子，完成每周总结，等等。

(3)教学方法

该模式主要采用任务驱动法、项目教学法、问题探究法、自主学习法、协作学习法等教学方法。以“DS 106(2015 年秋季)”课程为例，教师采用任务驱动法为学生定制每周任务主题，学生在围绕主题的学习情境中，通过自主学习，完成每周的学习任务。课程最终的综合项目要求学生在自主学习的基础上，通过协作学习，重构各子主题的作品，创作综合作品，并通过优兔等社交媒体进行分享，从而达到学习目标。

(4)课程资源

该模式的课程资源以任务导向、项目驱动式资源为主，且师生共建，开放共享。在课程迭代过程中，新旧资源相互整合，参与者共同创造与分享资源，实现课程资源的灵活应用与不断创生。例如，“DS 106(2015 年秋季)”的课程资源包括媒体资源(文本、图片、音频、视频、广播节目、电影等)、日志、每周任务公告、任务银行、学生博客、学生优秀作品及课程评论等。其中最有特色的是任务银行，其汇聚了由广大课程参与者设计的 900 多个课程任务和 10000 多个案例，教师让学生根据主题自主在任务银行挑选一定难度系数的任务来完成。

(5)教学评价

该模式对学生的评价以形成性评价为主，辅以总结性评价，通过学生自评、互评与教师评价的方式进行。如在“DS 106(2015 年秋季)”课程中，有明确完善的评价指标，教师根据学生每周的任务完成情况、参与活动情况、节目制作情况、总结反思情况及课程最终项目的完成情况等对学生的学习进行综合评估。

(6)支持服务

该模式注重个性化学习的支持，提供任务或项目指南、技术工具、社会交互支持服务等。如“DS 106(2015 秋季)”课程强调案例、同伴互助、网络学习社区对学生学习的支持作用，为学生提供详细的快速入门指南和课程学习手册，提供课程中可能用到的软件工具列表，以视频和文本的形式提供以往学生的学习建议、优秀作品，学生通过社交媒体建立学习共同体。

(7)tMOOCs 教与学模式的特点

基于建构主义学习理论，tMOOCs 教与学模式强调以学习者为中心，注重实践，强调学习者对知识的主动探索、主动发现以及对所学知识的意义建构；采用任务驱动教学策略，由教师创设任务情境，提出明确的任务要求，学习者利用丰富的学习支持服务自主学习或与同伴开展协作学习，完成任务；课程采用形成性评价与总结性评价相结合、教师综合评价与学习者互评相结合的方式，设定了完善的评价标准，教师给学习者的每周任务完成情况、课程参与度、博客有效评论、中期作业和最终项目作品等分配不同的权值，形成最终考核结果。其主要特点是：教学内容由一系列任务组成；教学策略以任务驱动策略为主，注重实践；注重学习者对技能的获取和对知识的深度加工与运用。

4. 基于多种学习理论的 MOOCs 教与学模式

(1)理论基础

基于多种学习理论的 MOOCs 教与学模式融合了联通主义、建构主义、行为主义和认知主义等各种学习理论。例如，传统课堂与 MOOCs 的混合式教学模式融合了建构主义学习理论和奥苏贝尔的“学与教”理论；

基于 MOOCs 的翻转课堂教学模式融合了建构主义学习理论、认知主义学习理论和掌握学习理论；MOOCs 环境下高校应用型人才培养混合教学模式融合了建构主义学习理论、认知主义学习理论和人本主义学习理论。

（2）教学要素及其关系

基于多种学习理论的 MOOCs 教与学模式中的教学要素为教师、学生、课程内容和教学媒体。教师既是课程的组织者、学生学习的引导者和促进者，又是学习者；学生始终是教学活动的中心，是知识的建构者与创造者，但同样具备学习者与教师的双重身份；课程内容是教师精心设计的结构化或半结构化内容，包括已有的 MOOCs 内容、对已有的在线课程的改造以及教师自主创生的课程内容。教学活动依托 MOOCs 平台、学校自建平台、实体课堂环境等进行。

（3）教学方法

基于多种学习理论的 MOOCs 教与学模式综合运用讲授法、任务驱动法、探究式教学法、自主学习法、协作学习法等多种教学方法。例如，在基于 MOOCs 的翻转课堂教学模式中，课前教师在云端采用视频讲授法讲授课程知识；课中教师采用问题探究式教学法创设问题情境，引导学生了解目标与任务并选择相应的探究问题或训练项目，学生在“训练—研讨—提问—答疑—点拨—创新—再训练—再创新”的过程中实现知识内化与能力提升；课后教师通过练习法帮助学生强化课前、课中所学的知识。学生通过自主学习、协作训练、探索研讨来获取新知、内化知识、提升能力。

（4）课程资源

基于多种学习理论的 MOOCs 教与学模式中的课程资源形态是非结构化与结构化、开放性与封闭性相结合的。例如，上海高校课程共享中心的“翻译有‘道’”课程采用线上线下相结合的混合式教学模式，其课程资源包括教学视频、文本材料、知识卡、测试、参考资料等，也包括教室、实验室、图书馆等，线上资源满足学生的课前自主学习需要，线下资源满足学生课中互动交流与协作学习需要。

（5）教学评价

基于多种学习理论的 MOOCs 教与学模式有更加灵活的评价方式，采用形成性评价、总结性评价等多元评价方式。该模式对学生的评价包括对线上学习情况和线下学习情况的评价，以问题处理效果和实践动手能力等为主要考核与评价指标，重视对学生学习过程的评价。教学期间，教师依据阶段性的在线测试诊断学生的学习效果，有针对性地指导学生下一阶段的学习。课程学习综合成绩由线上学习成绩和线下学习成绩组成。

(6)支持服务

基于多种学习理论的MOOCs教与学模式依赖多种教学环境和社交媒体所提供的支持服务，注重学生之间、师生之间的交互服务。多种教学环境的支持服务主要体现为将MOOCs平台、学校自建平台、课堂教学环境与实训环境结合起来，为学习者提供网络自主学习空间和面对面交流的环境。社交媒体主要有论坛、微博等，支持学习者交流互动、获取课程信息。

MOOCs的出现为我国教育教学改革带来了新的契机。目前已有许多研究者探索并尝试开展基于MOOCs应用的教学改革，形成了各种各样的MOOCs应用模式，如混合教学模式、翻转课堂教学模式等。这些模式以MOOCs应用为基础，融合多种学习理论与教学方法，强调以学生为中心，注重学习评价三体的多元化和评价方式的多样化。

(7)基于多种学习理论的MOOCs教与学模式的特点

基于多种学习理论的MOOCs教与学模式以MOOCs应用为基础，融合了联通主义、建构主义、行为主义和认知主义等各种学习理论，其应用贯穿人才培养的全过程。MOOCs起源于高等教育，对学习者的学习自主性要求较高，需要学习者具有一定的计算机操作技能，因此，目前MOOCs的建设与应用以高等教育领域为主，由MOOCs衍生出的教与学模式也以高等教育领域为主。随着MOOCs的发展以及社会人才培养需求的变化，其应用逐步向成人教育、职业教育、基础教育等教育领域拓展。

基于多种学习理论的MOOCs教与学模式是最符合教学实际的MOOCs应用模式。已有实践表明，线上线下相结合的混合式教学模式、翻转课堂教学模式是运用MOOCs改革高校传统教学形式、转变学生学习方式、提高学生学习质量的有效模式。基于MOOCs的混合教学模式和翻转课堂教学模式是目前最突出的 MOOCs 应用模式，也会是未来主流的、常态化的 MOOCs 应用模式。

二、教与学新模式的构建

教与学新模式的构建过程，包括探索在线教育教与学模式构建的理论与方法，构建以 MOOCs 为代表的在线教育教与学模式，并开展对在线教育教与学模式应用的评价。教与学模式的改革可以引发教学内容、教学手段、教学方法等的改变，而教学内容、教学手段和教学方法的改革无法引起教与学模式的根本性变化，这是长期以来开展教学改革和研究所存在的问题。

教与学模式是在一定的教育思想、教学理论和学习理论的指导下，在一定的教学环境和资源的支持下，教与学活动中各要素之间的稳定关系和活动进程的结构形式。教与学模式是教学理论与教学实践的中介，它既是教学理论的具体化，又是教学实践经验的系统概括和总结；它既可以直接从丰富的教学实践经验中通过理论概括而形成，也可以在一定的理论指导下提出一种假设，并经过多次试验后形成。稳定的教与学模式还应当具有特殊性、操作性、发展性和优越性。任何一个教与学模式都是针对特定的教学内容和教学环境的，且是可操作的，可依照一定的程序和步骤实施教学过程。稳定的教与学模式一方面与其过去的教与学模式相比具有一定的先进性，另一方面随着教与学模式在实际教学中的应用，其自身也不断完善和发展，从而在教学实践中取得高质量的教学效果。

1. 理论与思想

一种教与学模式不管其是传统的还是新型的，应能体现一定的教学理论，反映一定的教学思想。传统的教与学模式应反映传统的教学理论和教学思想，新型的教与学模式应反映现代教学理论和先进的教学思想。通过对前文所述的各类 MOOCs 教与学模式的理论分析，各类教与学模式的特征和差异如表 8-1 所示。

表 8-1 四类 MOOCs 教与学模式的特征和差异

维度	基于联通主义学习理论的 cMOOCs 教与学模式	基于行为主义学习理论的 xMOOCs 教与学模式	基于建构主义学习理论的 tMOOCs 教与学模式	基于多种学习理论的 MOOCs 教与学模式
理论基础	联通主义学习理论	行为主义学习理论	建构主义学习理论	多种学习理论相结合
教师角色	促进者、帮助者、学习者	传授者	组织者、指导者、帮助者	多重身份
学生角色	知识网络的建构者、知识的创造者	知识的接受者	知识的建构者	知识的建构者、创造者
教学方法	以社会网络学习、自主学习、协作学习为主	以讲授式为主	以任务驱动为主	多种教学方法相结合
课程资源	非结构化、分布式开放	确定、结构化、系统化的内容	任务导向、项目驱动式内容	非结构化与结构化、开放与封闭相结合的内容
教学评价	通常不关注教学评价	以机器评价为主，辅以学生互评和教师评价	学生自评和互评为主，辅以教师评价	多元化评价
支持服务	特定的课程网站，学习者在开放和个性化的学习环境中根据自己的习惯和偏好使用多种工具和平台	特定的课程平台，辅以多种网络社交工具	特定的课程网站，辅以多种网络社交工具	线上线下相结合，有特定的课程平台，链接多种社交媒体
适用范围	高等教育	高等教育、职业教育、基础教育	高等教育、职业教育	高等教育、职业教育、基础教育、其他各级各类教育

在表 8-1 中我们还可以看出 MOOCs 教与学模式的四个特点。

第一，MOOCs 教与学模式强调学习理论指导，基于不同的学习理论而形成的教与学模式具有各自鲜明的特征。

第二，实施 MOOCs 教与学模式需要综合应用讲授法、自主学习、协作学习、任务驱动、探究学习、社会网络学习等多种教与学方法。

第三，实施 MOOCs 教与学模式需要强大的支持服务和丰富的课程资源。MOOCs 教与学模式不同，其课程资源的结构也不同。其中，基于联通主义学习理论的 cMOOCs 教与学模式需要非结构化的分布式开放课程资源，即课程资源由师生共建、动态生成；基于行为主义学习理论的 xMOOCs 教与学模式则需要确定性的、结构化的、系统化的课程资源，即课程资源由教师团队统一制作、提供。

第四，MOOCs 教与学模式具有一定的适应性，各类教与学模式分别适用于不同的教育领域。如基于联通主义学习理论的 cMOOCs 教与学模式适用于高等教育领域，基于建构主义学习理论的 tMOOCs 教与学模式适用于高等教育和职业教育领域，基于多种学习理论的 MOOCs 教与学模式则适用于高等教育、职业教育、基础教育以及其他各级各类教育领域。

2. 环境与资源

教与学模式离不开特定的教学环境和教学资源。传统的教与学模式离不开传统的教学环境和教学资源，如教室、黑板、粉笔、教科书等；新型的教与学模式离不开信息化的教学环境、教学系统和教学媒体，如多媒体教室、多媒体网络、多媒体教学软件等。

3. 关系与结构

一种教与学模式应能体现教学要素间的关系，而且形成相对稳定的结构形式。新型教与学模式的创新主要体现在教师角色、学生地位、教学过程、媒体作用四个方面的转变。

(1)教师角色的转变

在新型的教与学模式中，教师的角色由原来的知识讲解员、传授者转变为学生学习的指导者、学生主动建构意义的促进者。

(2)学生地位的转变

在新型的教与学模式中，学生的地位由原来的被动接受转变为主动参与，学生成为知识的探索者和学习过程中真正的认知主体。

(3)教学过程的转变

在新型的教与学模式中，教学过程由原来的知识归纳型或逻辑演绎型的讲解式教学过程转变为创设情境、协作学习、会话商讨、意义建构等新的教学过程。

(4)媒体作用的转变

在新型的教与学模式中，教学媒体的角色由教师讲解的演示工具转变为学生学习的认知工具，并成为教与学过程的基础性工具。

4. 高校 MF 教与学模式①的构建

(1)模式构建的理论基础

MF 教与学模式是在后现代主义教学观的指导下通过理论演绎构建的。后现代主义教学观对以往的教学目的、内容、过程、评价及师生关系等方面进行了解构，提倡以学生的个性、创造性和批判精神的培养为目标，强调课程内容的丰富性、回归性、关联性和严密性，主张教学过程的建构性、复杂性和动态性，重视差异性、多元性的教学评价，鼓励师生关系的平等性与交流性。因此，高校 MF 教与学模式应体现以下特征：第一，重视学生个性发展，尊重学生的个性差异，充分发挥学生的主体作用；第二，关注教学的开放与多元，利用教学平台创设开放的教学环境，关联多元知识，重构课程内容，采用多样化的方式促进知识内化和意义建构，运用多元方式开展学习评价；第三，促进师生对话与生成，在教学平台的支持下，设计在线学习和课堂交流活动，促进师生、生生之间的平等对话、友爱协商和自由建构，并通过反思与重组进一步丰富课程本身。

(2)高校 MF 教与学模式的提出

该模式融合了 MOOCs 与翻转课堂的理念，以人才培养目标为出发点和落脚点，包括教师教学准备、课前知识传授、课中知识内化和课后拓展提升四个环节，如图 8-4 所示。

---

① MF 教与学模式中的“M”和“F”分别代表慕课(MOOCs)和翻转课堂(flipped classroom)。

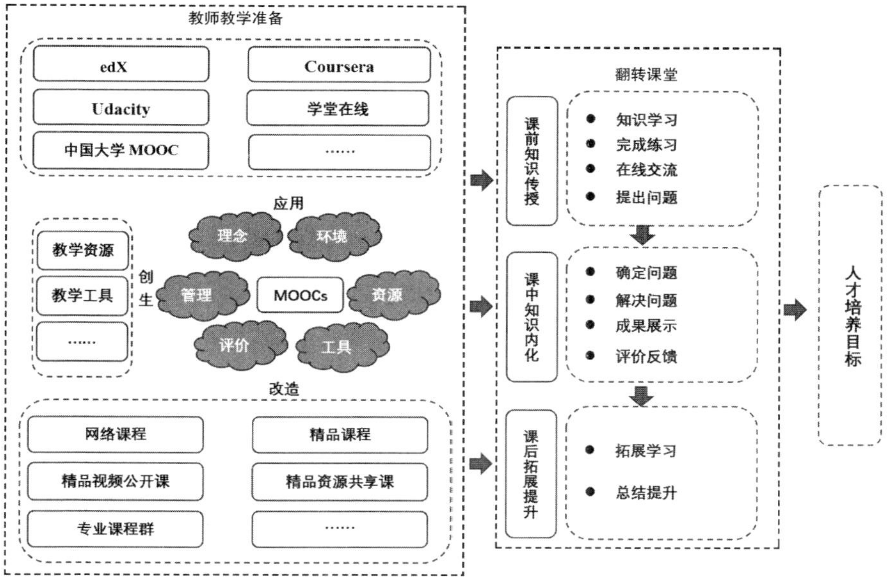

图 8-4　高校 MF 教与学模式

第一，教师教学准备。在开展教学之前，教师融合 MOOCs 的教学理念、教学环境、教学资源、教学工具、教学评价、管理方式等方面的特征，进行课程的设计与开发。

第二，课前知识传授。学生在平台上自主学习课程视频与教学材料，并通过有针对性、及时反馈的练习进行检测巩固。若遇到疑难困惑，学生可反复观看视频，借助教学工具或网络资源开拓思维，也可在讨论区中发表尚未解决的问题，与教师、同学交流讨论。教师通过学习平台进行学情诊断，了解学生学习的难点，调整教学设计。

第三，课中知识内化。在课堂上，教师首先依据教学内容和学生课前学习时产生的疑惑，归纳或提出有意义的问题，引导学生采用自主探究、小组协作、项目实践等方式解决问题，通过成果展示进行交流分享，完成知识内化；然后采用过程性评价、总结性评价等多元评价方式对学生学习情况进行评价反馈。

第四，课后拓展提升。课后，教学平台为学生提供拓展资源、知识管理工具和评价反思工具。学生对自身学习情况进行反思，进一步深化知识理解与建构，并利用在线课程资源进行拓展学习，促进知识迁移。

应该说，随着现代信息技术与教育教学融合的程度越来越深，教学要素之间的关系呈现出越来越动态与多元的变化，不同学习理论支撑下的教与学实践越来越丰富，其中不乏开拓性、创新性的实践。无论是研究者还是管理者都应该及时关注这些实践创新，探索数字化环境中的教与学新规律，为教与学改革创新提供支撑。

第九章　MOOCs 与高等学校教学服务模式变革

MOOCs 浪潮是“互联网＋”推动教育变革的一个典型案例。MOOCs 是一种特殊的在线教育形式，是在线教育发展积累多年后的一次爆发。在线教育以一种简洁的、容易被大众认可的形式出现，迅速得到主流高等教育的应用，进入大众的视野，发挥了广泛且巨大的影响力。MOOCs 的发展历程体现出了技术与教育相互作用的复杂性和系统性，为分析技术促进教育模式创新提供了重要的素材，对我国高等学校教育教学改革有着重要的借鉴意义。

2013 年以来，我国的 MOOCs 在政府、高校和企业的合力推动下已初具规模。在平台建设方面，高校、企业单独创建的 MOOCs 平台以及地区联盟性和校企合作性平台大量涌现；在课程开设方面，覆盖工学、理学、文学、管理学、经济学等多学科领域的课程体系逐渐形成；在研究方面，对多元、丰富的实践形式的研究和深入的理论探究展开，探寻具有中国特色的 MOOCs 发展之路，分析 MOOCs 模式对中国教育综合改革的巨大价值。

在快速发展的同时，MOOCs 的一些本质特征也呈现出新的变化趋势，日益回归教育的本源。本章旨在借助对我国 MOOCs 的大规模调研与深入分析，梳理我国 MOOCs 的关键特征，并着重分析我国 MOOCs 的回归态势，以期为我国高等教育教学改革与服务模式的变革提供参考。

一、MOOCs实现教学服务模式的创新

教育变革需要根据教育规律引入新技术来实现服务模式的创新。这种创新实践是对传统的学校教育体系和管理制度的颠覆，以构建开放的教育服务体系为最终目标，满足知识经济时代人们对教育的新需求。MOOCs也不例外，MOOCs的创新本质不是由新技术的不断涌入所带来的优质资源的低成本、高效率分享，不是由新技术的引入所带来的便捷在线交流方式，也不是其免费开放、名师名校效应等特征。我们认为，MOOCs的创新本质是模式创新，具体体现在两个方面。

1. MOOCs创新了一种互联互通的教学服务模式

MOOCs教学服务模式的创新体现在其学习者之间的互联互通、互学互助。学习不再是个体与单个知识的碰撞，而是与同伴、与知识网络的相互联结。在MOOCs的整个学习过程中，教师作为知识权威的角色被解构，学生与教师的权威依附关系被解除，尤其是基于联通主义学习理论的cMOOCs教与学模式，依赖的是学习者之间的联结与互助，通过同伴互助完成学习过程。

这种互联互通的教学服务模式打破了以单一知识传授为主的教学模式，转而重视学习者在学习过程中积极性和主动性的发挥，并且把这一积极性和主动性提升到影响学习真正发生的高度来认识，更加重视教与学过程中的知识生产与创造；把交互作为学习的核心与取得成功的关键，教学交互主体出现了前所未有的多样化，既包括学习者、促进者、小组、人际网络等构成的主体，也包括学习内容、学习资源及各种技术媒介构成的主体；另外，还充分发挥集体智慧优势，支持和促进学生的个性化学习，通过大量有效交互，使一对多的教学转变为多对多的学习，任何一个学习者都可以从联通网络中的不同节点得到支持。

2. MOOCs创新了一种优质教育的开放服务模式

MOOCs打破了以校园为场所、只面向少数精英的服务模式。MOOCs生动地展示了一种以课程为单位，基于网络的、灵活的、开放的、优质的高等教育服务模式，这种服务模式让所有人都可以自由选择

和享受优质高等教育。因此，MOOCs创新本质的另一方面在于实现了一种跨越围墙的优质课程服务模式，拆除了优质高等教育的国界门槛和考试门槛，缩小了优质高等教育的服务单元，保证了课程服务质量。

二、中国MOOCs的关键特征

作为MOOCs核心竞争力之一的课程平台建设对提高教学效果和推动MOOCs发展至关重要，直接决定其良好并长远发展运营的实现。① 从2013年发展至今，我国MOOCs平台已经初具规模，从高校、企业单独创建的MOOCs平台到地区联盟性和校企合作性MOOCs平台的不断涌现，为我国不同类型的学习者提供了丰富而广泛的MOOCs学习机会。我国目前已经有近百个与MOOCs有关的平台，课程覆盖工学、理学、文学、管理学、经济学等多个领域，服务于中小学教育、高等教育、职业教育、成人教育等各级各类教育和各阶段人群，在推动我国在线教育的发展、促进教育公平、加强高校合作及深化教育研究等方面作用明显。这些MOOCs平台在秉承大规模、开放等特点的同时，进行了各具特色的探索，呈现出百花齐放的繁荣景象。

为了深入分析中国MOOCs的关键特征，我们针对国内MOOCs相关平台与课程进行了调研与分析，共采集了国内14个MOOCs平台的1388门各类课程。具体分析内容与结果如下。

1. 服务提供

与国外以课程为服务粒度的MOOCs服务内容相同，中国MOOCs服务也以课程为单位，跨出校园向社会开放。在服务提供方面，我们从教学内容、服务对象、教学模式这三个角度深入分析了我国MOOCs的关键特征。

在教学内容上，中国MOOCs以理学(346门，占24.9%)、工学(260门，占18.7%)以及职业教育(222门，占16.0%)课程为主。在服务对象上，中国MOOCs主要为服务于本科生的课程(636门，占45.8%)以及通

---

① 张晶：《我国MOOC发展现状及展望》，载《软件导刊》，2015(1)。

用类课程(554 门，占 39.9%)，而职业教育类课程占 9%，研究生类课程仅占 0.9%。在教学模式上，我们针对 666 门课程(除去另外 722 门未说明教学模式的课程)，深入分析了每门课程的教学模式。结果发现，讲授型课程有 631 门，占总数的 94.7%，而探究型、协作型、社会交互型及自主学习型课程共占 5.3%。总而言之，当前中国 MOOCs 教学内容多以理工科为主，服务对象集中于本科生等成人群体，教学模式更加接近传统教学模式。

2. 平台课程

中国在 MOOCs 建设上做了很多探索和创新，并逐渐形成平台定位多元、课程内容丰富的特点。

在平台建设方面，与国外不同的是，中国 MOOCs 平台建设呈现出高校自主建设、校企联合建设、企业独立建设等多元特征。具体来说，包括以清华大学的学堂在线为代表的高校独立建设和运营的组织模式，以北京大学和阿里巴巴联合打造的华文慕课为代表的校企联合的组织模式，以上海市高校建立的上海高校课程资源共享平台为代表的高校联合组织模式，以 44 所原“985 工程”和原“211 工程”院校建立的中国东西部高校共享联盟和我国台湾与大陆 5 所交通大学推出的 ewant 育网开放教育平台为代表的区域联盟组织模式，以及以网易云课堂为代表的企业独立建设和运营的组织模式。

在课程开设方面，中国 MOOCs 覆盖了全部 13 个一级学科，包括哲学、经济学、法学、教育学、文学、历史学、理学、工学、农学、医学、军事学、管理学和艺术，在此基础之上还推出了以专业或职业为单位的微专业课程。例如，学堂在线与清华大学经济管理学院联合推出了互联网工商管理微专业；网易云课堂联合各领域知名专家，推出了面向职场、以就业为导向的小学教师、产品经理、独立音乐制作人等职业的微专业课程。从课程层次来看，中国 MOOCs 覆盖面极广，涵盖了高中、大学本科、研究生和博士生层次的通识课程和专业课，也有面向职场、为在职人员提供提升专业技能和拓宽专业知识面服务的课程。

3. 政府推动

相比其他国家，中国 MOOCs 建设和发展的特征之一是除高校自主行为及市场化驱动外，政府的直接干预和扶持也起了举足轻重的作用。

在确定 MOOCs 的重要战略地位方面，《教育部关于加强高等学校在线开放课程建设应用与管理的意见》于 2015 年 4 月颁布，其中着重强调 MOOCs 建设这一重点任务，并明确建设一批以大规模在线开放课程为代表、课程应用与教学服务相融通的优质在线开放课程。

在规范 MOOCs 建设与管理方面，《国务院关于积极推进“互联网＋”行动的指导意见》于 2015 年 7 月发布，其总体部署在线开放课程的建设、应用与管理，提出要探索新型教育服务供给方式，探索提供基础教育、职业教育等教育公共服务的新方式，加快推动高等教育服务模式变革，以应对 MOOCs 的快速发展对教育变革的深层影响。

总体来看，在政府、高校和企业等多方力量的共同努力下，中国的 MOOCs 建设取得了显著的成就，但要实现变革高等教育教学方式、改革高等教育服务模式，中国 MOOCs 仍面临着巨大挑战。而这需要对中国 MOOCs 发展的态势进行回归，即从原有的追求大规模开放共享，回归兼顾小规模、有偿提供的在线教育模式，继而实现教与学的重构，实现高校教学改革。

三、中国 MOOCs 三维回归态势

与众多新生事物一样，MOOCs 自诞生以来一直面对着各种质疑。随着 MOOCs 的发展，辍学率高、课堂质量低下、互动不充分、使用范围有限等现实问题日益凸显。在一片质疑声中，人们开始担心种种问题：中国 MOOCs 的发展是否会出现驱动力不足继而出现发展的衰退？是否以课程为主而偏离在线教育本身？是否存在使用条件约束而影响推广应用？MOOCs 是会后继发力，还是会逐渐衰退呢？

通过对中国 MOOCs 发展的分析，我们发现中国 MOOCs 发展并没有呈现衰退的迹象，而是在多个方面体现出了回归态势。中国 MOOCs 发展的回归态势可以从受众规模、商业模式和教学模式三个维度进行分析。通过分析可以发现，中国 MOOCs 在大规模(massive)、免费开放(open)和在线教学(online)三个重要方面都体现出了回归态势，即受众规模由大

规模转向大、中、小规模兼顾，商业模式从免费回归收费，教学模式从行为主义核心回归有支持的混合式学习模式。这三方面的回归，核心是基于教与学时空分离状态的教与学的重构。

1. 受众规模回归

MOOCs的受众规模正由大规模转向大、中、小规模兼顾。在MOOCs发展之初，巨大的受众群体被视为其颠覆性的重要表现。相比以面授为主的学校教育，仅一门MOOCs就可吸引上万乃至十余万的学习者。但是，随后出现的70%～90%的辍学率又让MOOCs机构和研究者产生了对这种新教育形式的疑虑。MOOCs的高辍学率一部分是由于自由选择这一互联网基因，而更重要的原因是对在线教学的过度简化。

在线教学具有教与学时空分离这一基本矛盾。这一矛盾的解决需要技术应用与教学模式设计所实现的有效教学交互。而在同等条件下，教学交互的有效性会随着学习者规模的扩大而降低。教学交互的有效性不仅依赖于精心制作的学习资源，还需要对师生和生生交互的精心设计，并提供及时高效的学习支持。因此，基于行为主义简化教学过程、偏重教学资源、轻视教学交互和学习支持的xMOOCs必将出现大规模辍学和低通过率现象。

在经历了对规模效应的过度重视之后，MOOCs正在回归远程教学规律，重新用技术和设计来改造教学过程。越来越多的远程教育机构意识到规模并非全部，而需要通过更为务实的方式来平衡规模和质量。SPOC的诞生从某种角度上来说就是这种回归的体现。与缺乏学习支持的大规模xMOOCs相比，SPOC由整齐划一的内容提供转向差异化服务，能够提供多样、丰富的学习支持，甚至可以定制课程。

2. 商业模式回归

MOOCs的本质在于提供优质资源的开放服务模式，需要明确的是，这里的开放并不完全等于免费，而是指突破了人群、时间和空间的限制，即任何人在任何时间、任何地点可以通过任何终端开展课程学习。然而，受思维局限性的影响，许多人在想到MOOCs的开放时就很自然地联想到免费，而MOOCs在发展初期针对个体用户全免费的服务方式也强化了这一认识。事实上，与免费恰恰相反，MOOCs发展至今正是得益于收费的商业模式，这一商业模式使其不断地吸引大量的资金投入和企业参与，不断拓展规模、扩大影响。

当前国际较为典型的商业模式有Coursera提出的认证收费、Udacity提出的有偿辅导等。与这些相对成熟的MOOCs商业模式相似，中国MOOCs平台在商业模式上也进行了诸多探索，依据平台建设动机和服务对象选择了不同的课程运营和收入运营模式。例如，网易推出了网易云课堂企业版，尝试企业定制收费课程；学堂在线推出了学堂云探索收费课程平台服务等。这些尝试都获得了良好的效果。

中国MOOCs商业模式的回归，并不是停留在盈利模式上，而是更深层次地体现我国MOOCs在发展中对教学质量提升、个性化学习服务和多样性服务模式的高度重视。优质商业模式对于MOOCs的持续健康发展具有重要推动作用，行之有效的商业模式可以为MOOCs机构和课程提供者提供可观的收益，使其不再依赖于政府和公益投资，这有利于调用市场力量促进MOOCs发展。另外，面向学习者的收费可建立起一个用户筛选机制，将有学习意愿的终身学习者筛选出来，用消费升级驱动个性化服务发展。“得到”这一应用软件中一款售价为199元的在线音频付费知识服务产品获得了10万多份的销量，这可以作为这种筛选机制的一个例证。

3. 教学模式回归

目前，中国绝大多数MOOCs的教学模式仍基于其在兴盛之初就遵循的行为主义学习理论，课程视频、测验、非实时讨论是其最常见的学习活动类型，且大量课程存在视频组织形式单一、评价模式固化、交互水平整体偏低、不同课程间差异显著等问题，其局限性成为限制MOOCs发展的重要影响因素。MOOCs教学模式正在向混合式教学和基于技术的自适应学习两方面进行着重要转变。

混合式教学(B-Learning)的目的主要在于帮助学生取得最优的学习效果，也被称为未来主流的教学模式，它是传统面授教学与网络化教学优势互补的一种教学模式。MOOCs为混合式教学提供了有效的支撑平台。基于MOOCs的翻转课堂正是混合式教学模式的创新探索，将面对面的课堂教学和网络学习的优势有机结合起来，实现教学效果的最优化。可喜的是，目前中国已有相当一部分平台开始通过翻转课堂等方式对 MOOCs 应用进行进一步探索。

混合式教学为有效解决 MOOCs 与传统教学融合的现实问题提供了有效的思路。与传统教学相比，基于 MOOCs 的混合式教学侧重于培养学生的创新能力，其教学效果直接体现在学生的自主学习和创新创造能力上。就教学方法而言，基于 MOOCs 的混合式教学强调师生之间和学生之间的多元互动，其教学效果直接体现在学生的合作和沟通交流能力上。就教学质量而言，基于 MOOCs 的混合式教学合理选择并有效利用资源，适应信息化社会发展的需求，既有利于学生扩大知识面、拓展思维空间，又有利于提高学生的科学探索能力。

中国 MOOCs 教学模式的转变还体现在借助新技术的新型教学模式上。技术为创设教学情境、丰富学习体验、在线课程自动化评价和自适应学习支持服务等提供了新的可能性。以教育大数据挖掘与学习分析为例，以北京师范大学远程教育研究中心自主研发的“智慧线学习分析云平台”为代表的技术工具，正通过学习分析模型、大数据技术来为在线教育机构提供动态、持续、量化的学习评测、诊断、预测和推荐服务，为技术推动下的教学模式变革提供支持。

四、高等学校教学改革新方向

MOOCs 的发展趋势与创新本质都充分说明，开放、共享的在线教育形式对高等教育乃至整个教育系统的变革具有重大的意义。它代表了一种对教育机构(包括远程的和基于校园的)传统服务方式的解构，并且具有重构教育服务产品与业务流程的潜能。MOOCs 所形成的学分认证机制以及它所推动的优质资源、学习群体和在线空间的免费开放，将使传统的高等学校教育的教学方式、学习方式、组织方式和管理模式发生质的变化，并为高等学校教学改革提供新的方向。

1. 向学分认证开放

以学分为媒介实现各类教育互认和沟通的 MOOCs 学分认证机制是现阶段 MOOCs 广受欢迎的重要原因之一。学分认证机制是一种新型的教育管理制度，即以学分为计量单位，在跨平台、跨学校的情况下完成学分认定、学分转换、学分积累和学分兑换。例如，学生在某MOOCs平台上注册学习后所获得的学分，在其他平台、机构中依然被认可。因此有研究者指出，MOOCs学分认证机制不仅是学分互认的教学管理制度变革，还是基于教育组织模式变革的教育生态系统重构。

学分认定是高等学校办学质量控制的核心环节，向哪些人授予学分、学分授予的标准是大学管理最严格的环节之一。高校MOOCs学分开放并不意味着弱化高校管理，而意味着更加严格的高校教育组织模式的诞生与教育生态系统的形成。此外，高校MOOCs学分开放不仅意味着高校允许学生自由选择所需要的课程，用灵活的方式参与学习，获取学分完成学业，实现个性化学习；还意味着高校允许学生采用更加灵活有效的学习方式自主学习，摆脱传统的固定统一模式，向更为灵活自主的学习模式迈进。

2. 向开放教育开放

以开放教育资源为重要基础的MOOCs不仅重新定义了网络时代的课程教授和知识传播方式，而且为高校在知识创造和知识传播的服务理念上指明了方向。借助在线传播和技术的力量，高校的知识围墙正在瓦解，知识传播途径更加便捷多样，其传播的深度、广度、速度大大增加，可以为每一个有网络连接的人所用。借助开放、共享理念，高校资源建设模式正在改变。所谓众人拾柴火焰高，调用社会力量共建资源，不仅有利于解决高校资源重复建设、资源质量有待提高等问题，还有利于打破高校信息孤岛的瓶颈，有效解决当前教育与社会脱离的问题。

3. 向校外学生开放

MOOCs所提供的可重复使用、可重构、有多种用途的资源，使为更广阔的学习群体提供服务成为可能，任何一名能与网络连接的学习者都能平等地在MOOCs平台上注册学习。例如，美国斯坦福大学开设的"人工智能导论"课程成功吸引了190多个国家和地区的16万名学生注册学习。传统高校教学一直受到时间、空间、授课者等外在条件的制约，服务对象只能局限于以本校学生为主的小范围人群。然而，随着MOOCs的出现，从某种意义上大学的围墙已经被推倒，前所未有的变革正在发生，并将深度改变人类传授和学习知识的方式。向校外学习者开放将成为传统高校教学服务模式的重大转变。

4. 向在线学习空间开放

在线学习空间的建设与应用是MOOCs得以迅速发展的重要前提。在线学习空间为学习者的自主学习提供了前所未有的支持。学习者可以依照自己的兴趣及时间弹性调配选修课程，突破时间与空间的限制，随时、随地、随兴地获取学习资源，完成MOOCs所提供的在线学习活动。相较于传统教学模式的限制，在线学习空间顺应了个性化教学的发展，满足了学习者的多样化需求。同时，在线学习空间的信息汇聚与共享功能使资源在更大范围共享，让交互更为频繁和有效，极大地降低了教育的成本，为教育大众化、终身化、多样化和国际化目标的实现提供了有力支持。

传统高校由于受时空距离、教学手段的限制，学习空间开放性不足，未能有效利用技术的优势来共享资源、促进交互、形成联通。随着信息技术与教育教学融合的不断加深，封闭的学习空间越发难以满足学习者日益增长的个性化学习需求，开放在线学习空间为传统高校教学变革提供了新的方向。

五、高等教育教学服务模式变革的趋势

以MOOCs为代表的新型在线教育服务模式正逐渐展现出突破传统教育体制和教育模式的力量，为高等学校教学服务模式变革提供了新的思路。

1. 正式学习与非正式学习的融合

在教育信息化飞速发展的今天，高校作为典型的正式学习场所，其知识传承上的绝对优势地位正不断受到挑战，MOOCs的快速发展就是一次颠覆性冲击。然而，MOOCs对传统高校的颠覆并不是让大学消失，而是促使传统高校建立起一种全新的教学模式，让高校教学摆脱正式学习的藩篱，迎接非正式学习的无限可能性。目前已有高校积极探索如何基于MOOCs将正式学习与非正式学习进行融合，从而实现高校教学模式的

变革。例如，清华大学经济管理学院的工商管理硕士课程已经把MOOCs应用于其翻转课堂教学模式，线上进行课程基本知识的传授，线下组织小组讨论和案例分析学习。然而，从中国MOOCs发展的现状依然可以看出，这种基于正式学习与非正式学习的教学服务模式还在起步阶段，仍有大量理论与实践问题需要进一步探索，在未来高校教育教学中仍需不断尝试二者融合的方式与实现形式，努力为高校教学提供更加灵活、自由的教与学。

2. 新技术支持下的智能学习环境

技术创新是实现面向大规模学习者，打破时间与空间限制，同时不降低学习质量的重要手段。近些年来以学习分析、3D打印、可穿戴设备等为代表的重要技术创新，为创设教学情境、丰富学习体验、在线课程自动化评价和自适应学习支持服务等提供了广阔的空间。当前，以技术创新为依托的MOOCs让大众看到了借助技术手段创设的学习空间对调动学习者积极性、降低教育成本、促进教学交互和实现深度学习的重要支持作用。例如，麻省理工学院和哈佛大学开发的开放源代码教学平台edX不仅提供视频课程和论坛平台，还提供模拟实验室，使学生可以进行模拟实验；以可汗学院为代表的学习平台通过开创性的方法、游戏般的体验和学习分析的支持提供了全新的适应性学习体验。然而，较为封闭的高校教学环境在一定程度上限制了技术优势的发挥。为此，在未来一段时间里，高校需要借助新技术改造教学环境，逐步建立具有情境模拟、动态感知、过程分析、量化评测、问题诊断和定制推荐的智能学习环境。

3. 互联互通的学习

学习活动的设计与实施决定着学习的成效。学习的成功与否取决于是否能够通过学习活动联结教师、学习者、平台和资源，最终实现教学目标。联通主义倡导的学习需要学习者依据自身学习兴趣与需要，借助网络资源，主动探究，参与精心设计的活动，形成学习者与教师、学习者与学习者、学习者与资源的联通网络。当前已有MOOCs尝试使用互联互通的学习活动提升教学效果。例如，将系统知识分解并形成知识网络，要求学习者通过社会网络工具进行研讨和协作等。受限于多种因素，以联通主义为指导的学习活动设计在传统高校中尚未广泛采用。未来，传统高校需要借鉴 MOOCs 学习活动设计，进一步加快在线学习平台的建设与应用，提升学习活动设计与实施水平。

4. 质量保证与学分认证制度的建立

质量保证制度是学分认证制度的重要前提，建立 MOOCs 平台课程质量评价体系对评价学生在线学习的过程和结果以及教育机构的在线教育质量具有重要的意义。质量保证制度的建立一方面有利于约束在线教育规模的盲目扩张，形成良好的在线教育发展生态；另一方面可为 MOOCs 学分认证提供支持。质量保证的最终落地体现在学分认证制度的建立，对于 MOOCs 的学习者而言，学分认证是影响学习成效的重要激励手段。高校对 MOOCs 平台课程学分的认证代表着高校对这种灵活、个性化学习方式的鼓励和认可，有助于促进 MOOCs 向规范和优质发展，并使 MOOCs 逐步融入传统高校教育教学。目前，MOOCs 学分正渐渐得到不同国家和地区的教育机构、教育管理部门及高校的认可，并逐步进入传统教育体系。例如，2014 年 5 月清华大学宣布承认部分 MOOCs 平台课程的学分，大大提升了 MOOCs 的认可度。然而，国内大多数高等学校对 MOOCs 平台课程学分的认证还处于起步阶段。为了深入借鉴 MOOCs 发展的成功经验，推进高校教学服务模式变革，质量保证与学分认证制度的建立至关重要。

当前我国高等教育综合改革进入关键期，高等教育的改革不再是策略应对式的被动改革，而是互联网时代的系统性改革。具有创新互联互通教学服务模式、创新优质教育开放服务模式的 MOOCs，将成为当今高等学校教学服务模式变革的重要契机。政府、高校与企业的多方联合让中国 MOOCs 得到了迅速发展，与国际 MOOCs 发展所呈现的衰退迹象不同，中国 MOOCs 的发展在受众规模、商业模式和教学模式上呈现出三维回归态势。借助当前中国 MOOCs 的回归态势，结合高校教学向学分认证、开放教育、校外学生、在线学习空间的开放，我们有理由相信，MOOCs 所代表的“互联网＋”时代必将带来高校教学服务模式的变革，使其向正式学习与非正式学习的融合、新技术支持下的智能学习环境、互联互通的学习、质量保证与认证制度的建立的方向发展。

第十章　MOOCs的技术支撑环境研究

本章基于学习理论和信息技术的最新发展，通过对国内外已有MOOCs技术平台案例及在线教育需求特点的分析，归纳出完整的在线教育技术支撑环境的功能组成，对在线教育的技术支撑环境进行研究；结合MOOCs成功案例的技术架构，分析在线教育技术支撑环境的各方面特点，从技术角度为设计教育信息化战略实现路径提供支撑。

一、MOOCs技术支撑环境的基本特点

MOOCs技术支撑环境的基本特点包括平台基本属性及开展教学的支持环境等，是组织机制、平台定位、平台规模、资源、运营、教学支持等基础的综合，是一个平台基础实力的表征。此处选取组织机制、平台定位、平台规模三个维度，对14个MOOCs平台进行了基本特点分析。具体维度描述如10-1所示。根据分析结果和相关研究，MOOCs技术支撑环境在组织机构、共享联盟、服务对象、建设动机、课程规模等方面表现出一定规律，如表10-2所示。

表10-1　平台基本特点具体维度描述

维度	具体指标	具体描述
组织机制	组织机构	高校自建，企业建立，校企合作等
平台定位	共享联盟	平台是否有多所高校加盟
	服务对象	面向大众，面向在校学生，面向专职人员等
	建设动机	共享优质资源，自我发展，扩大全球影响力，进行教育研究等
	本土因素	是否符合国内学习者在线学习习惯，考虑国情需要

续表

维度	具体指标	具体描述
平台规模	课程规模	无
	学生规模	无

表 10-2　MOOCs 平台的基本特点

平台名称	组织机构	共享联盟	服务对象	建设动机	课程规模/门
ShareCourse	高校自建	是	大众	自我发展，知识共享	73
ewant	高校自建	是	大众	提高全球影响力，免费共享资源，帮助企业选拔人才	89
学堂在线	高校自建	是	大众	参与全球化，建设国际一流课程，开展在线教育研究，普及免费、优质、系统的教育	472
好大学在线	高校自建	是	学生	内部使用资源，促进教育公平，提供优质资源，传播中华文化，实现人才高水平化	97
铁路学堂	高校自建	是	铁路从业人员	为铁路从业人员提供全面的专业课程	36
优课联盟	高校自建	是	学生	共享优质资源，促进高校联盟	15
顶你学堂	企业建立	是	大众	促进教育公平与创新，助推就业，面向世界	253
网易云课堂	企业建立	是	大众	培养实用技能，提供海量优质资源与一站式服务	58
智慧树	企业建立	是	学生	建立最值得信赖的中文平台，共享优质资源，推进教学改革和跨校合作	185
开课吧	企业建立	是	大众	进行泛 IT 教育，进行前沿科技、创新人才培养，实现在线教育模式创新	175
中国大学 MOOC	企业建立	是	大众	汇聚精品课程，提供免费优质的高等教育	236

续表

平台名称	组织机构	共享联盟	服务对象	建设动机	课程规模/门
MOOC中国	企业建立	是	学生	促进教学，探索在线教育	30
成人高校MOOC联盟	开放大学	是	成人	优质资源共建共享，进行内部教育改革和合作，推动学习型社会建设	8
华文慕课	校企合作	是	大众	服务全球华人，提供免费高质量教育，追求因材施教，供校内使用	30

组织机构方面，我国MOOCs平台主要分为3类，高校自建和企业建立各占42.9%(6个)，校企合作占7.1%(1个)，另有1个开放大学创办的平台，说明不同机构都有搭建支撑MOOCs的技术环境的能力，而在商业化和学术化兼顾的道路上，校企合作的实践变得越来越丰富。

共享联盟方面，我国MOOCs平台大都承载多所机构的课程，来源较广。例如，顶你学堂有100多所国内高校的课程，开课吧与高校、教育机构和其他企业建立了联盟关系。各平台在联盟的数量和范围上不同，说明MOOCs平台依托的是不同组织机构之间的多方面合作，以此提升平台的实力和影响力。

服务对象方面，主要分为服务大众(57.1%)、服务学生(28.6%)及服务专职人员(14.3%)3类MOOCs平台，比例约为4∶2∶1，说明我国MOOCs主要向公众开放。

建设动机方面，以促进教育公平、提供优质教育资源及提升自身影响力为主；另有相当一部分平台与学校合作并服务于学校教育，以促进高校联盟发展、进行教学研究、提升教学质量并探索高校间的学分互认为动机；少部分平台面向专职人员，有特定服务对象，以促进内部优质资源共享、带动内部教育改革并为其专业领域人才提供更丰富的职业教育为目的。这在一定程度上影响着MOOCs技术支撑环境的构建理念，影响平台功能的设计。

课程规模上，14个平台有8～472门课不等，差距较大，可能与平台的建设动机和服务对象有关。从整体来看，服务大众的平台课程最多，平均每个平台有173门；服务学生的平均每个平台有82门；服务专职人员的平台课程最少，平均22门。组织机构上看，高校自建类平台平均有130门MOOC课程，企业建立类平均156门，校企合作平台只有30门，这与校企合作平台的建立时间较晚有直接关系。

由此可见，MOOCs的技术支撑环境呈现多种类型，目前各环境的实力也各不相同。MOOCs本身的服务对象和组织机构会对其技术支撑环境的设计有所影响，同时运营情况中的课程规模、学生规模和共享联盟的差异构成了技术支撑环境最基础的差异，同样会影响技术功能的设计。总体上说，高校自建平台和企业建立平台基础较好，具有促进教育公平、共享优质资源和提升自身影响力的愿景；而校企合作类平台在规模和共享联盟上处于劣势，但不可忽略其本身追求质量、致力于教学的明确动机及背后的发展潜力。另外，服务大众的和服务学生的平台基础更好，服务专职人员的平台建设需要拓展关注范围。要构建一个合理优质的MOOCs技术支撑环境，就必须尽早将其基本特点把握清楚，明确建设动机和对象，在共享联盟中选择优质合适的机构，找准对象，扩大课程和学生规模。

二、教学对技术支撑环境的要求

MOOCs兴起的一个重要原因是实现了名校名师优质资源、优质教育的共享，优质资源就是课程资源、教师资源、课程学习平台和学习者的社会联系的集合体。① 优质教育则以教学组织模式、教学制度为代表，是MOOCs的核心竞争力。14个平台的资源与教学维度的具体描述如表10-3所示，分析结果如表10-4所示。

① 李青、侯忠霞、王涛：《大规模开放在线课程网站的商业模式分析》，载《开放教育研究》，2013(5)。

表 10-3 资源与教学维度的具体描述

维度	具体指标	具体描述
教学组织	课程定位	公开课，免费 MOOCs，收费 MOOCs 等
	课程设计	是否设计符合学习者学习规律的课程，对课程学习计划是否充分支持
	课程组织	对课程个性化组织和多样化作业管理是否充分支持
	教学模式	支持讲授型，探究型，协作型，社会交互型，自主型等
教学制度	质量认证	是否提供明确恰当的评价方式来评价课程掌握情况并提供证书
	学分认证	是否支持高校间的学分转换

表 10-4 资源与教学维度的分析结果

平台名称	课程定位	课程设计	课程组织	教学模式	质量认证	学分认证
ShareCourse	免费/收费	是	是	是	是	否
ewant	免费	是	是	是	是	否
学堂在线	收费	是	否	是	是	否
好大学在线	收费	否	是	是	是	是
铁路学堂	免费	否	否	是	否	否
优课联盟	收费	是	否	是	否	否
顶你学堂	免费/收费	是	否	是	否	否
网易云课堂	免费/收费	是	是	是	是	否
智慧树	免费/收费	是	否	是	是	是
开课吧	收费/公开课	否	否	否	是	是
中国大学 MOOC	免费	是	是	是	是	否
MOOC 中国	收费	否	否	是	是	未知
成人高校 MOOC 联盟	收费	否	否	是	是	否
华文慕课	收费	是	否	是	是	否

可以看出，在教学模式上，95%的平台都支持并希望有不同教学模式

的课程，但实际上以讲授型为主。平台提供免费 MOOCs、收费 MOOCs 和公开课 3 类课程，仅有 3 个平台(21.4%)的课程全部免费，这与目前我国 MOOCs 平台多与学校建立教学合作关系并收取一定费用有关。在课程设计和课程组织上，虽有超 6 成的平台支持符合学习者学习规律的学习计划，但实际使用方式单一；超过一半的平台并不具备充分的课程组织支持，作业管理简单，甚至没有作业设计；在具备课程组织支持的平台中，能较好使用这种支持的课程也不多见。可见，教学组织对技术支撑环境提出了较高的要求，但实际的技术开发尚没有得到较好应用，目前的技术支撑环境多采用行为主义模式。

教学制度上，各平台都有多样的评价方式，比如将单元测验、讨论参与、课件浏览等作为形成性评价依据，还有线上线下评价结合等方式。但仅 7 个平台(50%)明确提供线上证书，7 个平台未指出是否提供证书。学分认证上，仅有 3 个平台(21.4%)明确指出平台可进行并致力于推进高校间的学分互认，学分互认仍未发展成熟。可见，教学制度对技术支撑环境提出了要求，在评价、学分认证上需要更多技术支持。

综上所述，我国 MOOCs 平台以讲授为主要教学模式，并具备广泛教师支持。在个性化课程设计、多样化课程组织及丰富的质量认证方面虽进行了尝试，但都还相对简单，尤其是在课程设计、课程组织和质量认证的支持方面，与传统网络课程尚有差距。MOOCs 多作为线下教学的辅助平台或非正式学习的辅助方式，缺乏独立的支持，在教学组织和教学制度上还需更大的突破和创新。技术支撑环境的构建需要兼顾多种教学模式的需求，多样的评价形式、对学分和质量的监督构成技术支撑环境的一部分，同时也对技术支撑提出了多样性的要求。当前的技术支撑环境多是行为主义教学理论支持下的平台，不能满足灵活、多样的需求。

三、技术支撑环境的关键技术和功能分析

MOOCs 平台多为自主开发的，虽然不如网络教学平台功能完备，但做出了很多新的尝试，选择自由度也很大。判断技术先进性的标准包括有没有适合课程的特色技术支持，学习管理工具、系统支持工具、系统

技术性如何，是否有较好的交互技术支持，等等。MOOCs在网络课程的基础上，除提供视频资源、文本材料和在线答疑外，还需为学习者提供各种用户交互性社区，创造交互参与的机会。① 在教育大数据的要求下，是否充分支持学习分析也成为平台技术先进的一个指标。14个平台关键技术与功能维度的具体描述如表10-5所示，其比较如表10-6所示。

表10-5　关键技术与功能维度的具体描述

维度	具体指标	具体描述
技术功能	视频工具	调速，转换字幕，嵌入测试，多语言支持等
	评价工具	是否支持机器评分、在线评价等
	交互工具	讨论区，社会网络软件，维基等
	学习分析工具	是否支持数据挖掘和分析应用(注：未采集到数据，因此表10-6中未显示)

表10-6　关键技术与功能维度的比较

平台名称	视频工具	评价工具	交互工具
ShareCourse	语言切换	是	讨论区，虚拟讨论室，群组
ewant	无	否	讨论区，问卷，社交网络
学堂在线	转字幕，笔记，调速，测评	是	维基，讨论区，社交网络
好大学在线	调速	是	讨论交流，问卷
铁路学堂	笔记，调速	否	课程互动，同学功能
优课联盟	无	否	学习小组
顶你学堂	笔记，调速	是	讨论区，学习社区，同学功能
网易云课堂	笔记	否	讨论区
智慧树	视频内测试，笔记	是	讨论区
开课吧	无	否	评论

---

① 刘婷：《MOOC与我国现代远程教育试点高校网络课程比较研究》，载《继续教育》，2015(2)。

续表

平台名称	视频工具	评价工具	交互工具
中国大学 MOOC	调速，视频内测试	是	讨论区
MOOC 中国	无	否	讨论区
成人高校 MOOC 联盟	无	是	小组讨论
华文慕课	调速，笔记	是	课程互动，同学功能

关键技术主要为对核心资源的技术处理——视频工具，对学习过程与结果的分析工具——评价工具，对交流讨论的技术支持——交互工具，对使用教育大数据开展教育研究的支持——学习分析工具，以及安全稳定性。在视频工具的研发上，包括使用视频工具和不使用视频工具两类，优课联盟、MOOC 中国、成人高校 MOOC 联盟这 3 个服务学生的平台，基于自身平台要求，并未在视频工具上做太多开发；开课吧以普通视频的形式进行展示；ewant 借助优酷或优兔呈现视频。其余 9 个平台(占 64.3%)则不同程度地开发了视频工具，包括调速、笔记、转字幕等，其中 3 个平台还可进行视频内测试。学习工具多为课程管理工具，主要用于帮助学习者快速了解自己的学习或观看课程的情况，以未开课、正在进行、结课等形式分类呈现，也有平台按照收藏课程、订阅课程、观看课程等方式进行管理。在具体用于学习过程的工具方面，14 个平台表现出一定差异，除成人高校 MOOC 联盟外，其余平台都有学习笔记功能。虽然除开课吧外每个平台都提供在线练习，但在友好性和功能支持上表现出较大差异。基本没有平台支持标签等工具，仅有 2 个平台(占 14.3%)具有简单的日历功能；虽然 ewant 设有课程地图，但仅支持章节管理。在交互工具设计上，除开课吧外都有支持讨论的工具，3 个平台(占 21.4%)设置了“同学功能”，以方便学习者查看选择相同课程的同学，并可以相互加好友进行深度交流。每个平台对社交网络的支持都较好，主要体现为第三方社交网络工具登录及课程专用的社交网络工具，另有部分平台附有求职链接，比如，顶你学堂可以进行求职信息填写。在安全稳定性方面，每个平台都有较强的技术支持，并开发智能手机端 App，目前有 4 个平台支持智能手机使用，且稳定性越来越好。

总之，这些技术支撑环境在关键技术和功能方面整体上没有太大差别，都具有较好的安全稳定性，能提供基础的技术支持，实现了视频嵌入测试、通过维基协同共建等创新。由于服务对象和平台定位不同，MOOCs在具体工具的选择上存在一定差别，面向大众的平台在技术支持上相对更好，功能更加完备；面向学生的平台在功能上稍少一些，但也都具有初步的课程信息管理和学习管理工具，而且部分平台在视频工具上尝试使用嵌入测试，在交互工具上尝试通过维基协同共建等功能；面向专职人员的平台在功能上则不够丰富，尤其是单门课程的功能使用率较低，平台需要开展更多的培训、提供更好的支持。整体上，我国MOOCs平台的技术功能并不算丰富，讨论区相对简单，学习管理工具微乎其微，虽然进行了学习社区、学习空间及求职状态等综合管理工具的尝试，但使用频率、实际效果并不理想，尤其在对学习分析工具的支持上还有待进一步开发，这也是下一步平台技术开发需要解决的问题。

四、我国在线教育平台建设的策略与途径

1. 我国MOOCs平台的基本定位和分类

通过对我国已有的14个典型MOOCs平台的分析，可归纳出我国MOOCs平台的基本定位：紧贴我国在线学习者的学习规律，为MOOCs的开放、共享、自组织特征提供支持，并进一步关注教育研究和教学改革、适切学生的学习交流、普及优质教育资源等方面的特色设计和开发。

同时，我国MOOCs平台发展在组织机构、服务对象上呈现一定的规律。在组织机构上可以分为三类，高校自建类、企业建立类和校企合作类。校企合作类出现最晚、规模最小，但注重质量并有强大保障，这使其富有潜力；高校自建类在共享联盟、保障体系和资源教学上更加统一，多为高水平大学之间合作的产物，在教学性上有较好保障；企业自建类平台特点多样，在技术功能、运营服务上的拓展性较强，并且有服务高校教学、独立开发收费课程、专注IT(信息技术)领域等特征，资源更为广泛。

在服务对象上可分为服务大众、服务学生和服务专职人员三类，三

类之间存在明显不同。服务大众类平台最为普遍，典型的有学堂在线、中国大学 MOOC 等，以提供全面优质的教育资源、多样化的课程、充分的交互设计为吸引点，以增强自身影响力、促进教育公平为动机，服务盈利形式多样。服务学生类平台通过与高校合作，以提供线上线下教学、促进学分认证和高校教学研究为目的，平台功能上更多借鉴网络教学平台的设计。占据最少份额的是服务专职人员类平台，这类平台在特定专业或领域进行了有益探索，但在资源建设、技术功能和运营服务等方面与另外两类相比较弱，这可能与服务对象较少、合作较少等有关。

总体上，各维度之间的特点也是相互联系的，如服务对象一定程度上决定了平台定位、建设动机和运营模式等的选择。从分类中可以看出，我国 MOOCs 平台的服务对象基本覆盖了我国目前在线学习者的范围，设计了不同的教学模式、学习交流和资源支持以适应不同对象，但平台与平台的区分度在逐渐减小，突出表现为服务大众类平台开始参与学校教育服务，服务学生类平台也开始开发适合大众学习的课程，这说明我国 MOOCs 平台在区分类别的同时也有整体功能逐渐融合的趋势。不过在实力上，我国 MOOCs 平台尤其是服务专职人员类 MOOCs 平台仍具有很大发展空间，需要更多的关注和支持。

2. 我国 MOOCs 平台建设的成功经验

MOOCs 于 2013 年进入中国并不断发展，在获得成千上万学习者的同时，平台本身的建设也可圈可点，在规模增长、自主性和多样性设计、教学教改支持及特色服务方面都有了较大进步。

在规模增长上，平均每个平台有超百门课程是我国 MOOCs 平台发展的一个成果，说明各平台都有较好实力，也表明在我国乐于分享教学的教师和乐于在线学习的学习者有很多，MOOCs 平台规模的扩大反过来也促进了在线教育的发展。

在自主性和多样性设计上，我国 MOOCs 平台也有新的突破，比如，学堂在线基于 edX 开源代码进行本土改造，开发出不依赖优兔的 HTML 5.0(超文本 5.0)播放器和系统性测试框架、全平台搜索、可视化编辑等功能。我国 MOOCs 平台对资源进行多样化呈现，微视频是主要形式；提供学习社区、学习空间、虚拟讨论室等多种可以让学习者进行充分适切交流的交互支持，这些设计会促进平台更好地满足不同学习者的学习需求。

在教学教改支持上，我国MOOCs平台进行了线上线下考核结合、多样化课程设计及机器评分等探索，尤其是部分平台(如好大学在线、优课联盟等)在学分认证上进行了深入探索，从联盟内部开始建立学分银行运行机制，进行实际选课的学分互换；另一可贵之处是，学堂在线等平台开发了学习分析模块，这可促进教育大数据在教育研究中的应用。

在特色服务上，微课程、微学分、微聚活动等形式在拓展MOOCs服务上发挥着较大作用。SPOC、Meta-MOOC、DLMOOC、DOOC等“后MOOCs时代”课程形式的出现会进一步促进MOOCs对教育影响的深入，促进我国MOOCs实现从高等教育迈向基础教育、职业教育和成人教育等领域的再一次大发展。

我国MOOCs平台虽然实践经验尚浅，成功点还不多，但在突破网络教学平台和迈向现代远程教育上已经有了较大进步，为延伸MOOCs发展提供了基础经验。

3. 我国MOOCs平台发展的问题及差距

目前MOOCs的发展仍处于初级阶段，还有很多不足，如辍学率高、学习成果的认证问题等。① 还有一些如版权、信誉、教学模式和课程设置等方面的问题。这些问题反映到我国MOOCs平台上，依据评价结果，则为平台特色不鲜明、运营服务不高效、技术功能较少、教学支持弱、质量保证难等问题。

我国MOOCs平台虽进行了诸多尝试，但设计上仍未脱离效仿的模式，对国情的考虑仍不足。我国在线学习历史较短、学生惰于参与讨论等实际并没有被切实考虑，所以平台交互工具的使用效果并不好，能调动学习者学习交流积极性的适切工具还未被开发出来，部分MOOCs平台仍未脱离网络教学平台的限制。

在运营服务上，可行、高效的商业模式尚未形成，这会影响学校和

---

① 汪琼、张桐：《2014年美国慕课发展回顾》，载《电化教育研究》，2015(4)。

教师团队的积极性。① 很多平台对保障体系中的分工仍不明确，没有建立监督、审查机制，课程质量得不到保障。另外，校企合作尚未成形，14个平台中仅有1个是校企合作建立的，在运营中校企合作也倾向于服务学生，收入运营上的增值服务的实施效率和稳定性仍待提高。

还有一个重要的问题是质量保证，MOOCs的学分认证和证书可信度都是备受关注的热点，我国MOOCs平台课程认证体系并不完善，线上评定功能简单，考核制度缺失，使得学习评价缺乏可信度。虽然如顶你学堂等平台提供求职的接口，但由于没有合适的质量保证体系，求职接口发挥的作用就微乎其微了。

五、我国MOOCs平台下一步发展的建议

作为现代远程教育新的实现形式，MOOCs以其开放、共享的特点成为推动教育大众化、教育公平和终身教育的重要力量。这里从三个方面讨论对我国MOOCs平台发展的建议。

1. 以开放教育理念和本土国情为基础确定平台发展方向

MOOCs既是远程教育领域的新发展，也是开放教育资源所遵循的开放教育理念的新发展。② 其开放的真正价值在于权利的开放，是教师教学权利和学生学习权利的开放。③ 我国MOOCs平台必须能充分支持资源开放、权利开放和服务开放，符合我国在线学习者的学习习惯。同时，MOOCs的定位会在很大程度上影响平台的发展方向，所以当我国MOOCs平台趋向全面发展时，更不能人云亦云，陷入消极的竞争循环中，只有有特色、有定位的MOOCs平台才能提供优质的服务和适切的设计。

2. 以提高资源教学水平和促进学习交互为目标拓展平台功能

一门好的课程具备满足学生自主学习需求、准确呈现教学内容、便

---

① 袁松鹤、刘选：《中国大学MOOC实践现状及共有问题——来自中国大学MOOC实践报告》，载《现代远程教育研究》，2014(4)。

② 郝丹：《国内MOOC研究现状的文献分析》，载《中国远程教育》，2013(11)。

③ 张举范、孟小春、彭智慧：《MOOC的核心理念、价值及实践反思——基于网络学习的视角》，载《江苏开放大学学报》，2014(6)。

于师生交互、设计有效的教学活动和多样化的教学评价等特征。[①] 随着信息技术的发展，有越来越多的协同工具、交互工具、记录工具可以使用。我国MOOCs平台必须尽早抓住机会，在资源处理、教学设计支持上、学习交互辅助上做出新的突破。同时，我国MOOCs平台应继续积极探索质量认证、学分互认的新形式，充分支持应用大数据所进行的学习分析，并实时将学习分析结果用于支持服务。

3. 以完善保障体系和开发特色服务为手段促进平台发展

运营是平台的事业线，我国MOOCs平台运营应在保障和服务上下功夫。虽然各平台的保障体系都有一定的基础，但其机制并不高效，对各类课程的审查监督还应加强，教学辅导团队建设也应增强，可在发展中逐渐探索设置专业辅导、专职开发、专职审查等角色的可能性。各平台不仅可在微课程上持续探究，还可在大规模教材、基础教育MOOCs等领域发力。另外，适当开发特色服务有利于MOOCs平台形成良性竞争，以适应不同学习者的个性化需求，这类特色服务可聚焦于专职领域、增值服务、交互服务和职业服务等。

总体上，我国MOOCs平台已初具规模，但存在不成熟、功能简单、适应性不强的问题，本章提出的MOOCs平台分析体系为平台未来发展提供了方向和建议，平台可更多地考虑提供灵活丰富的学习、交互和评价功能支持以及更加稳定、符合国情并富有特色的服务。

---

① 王海荣、张伟：《国外大规模开放教育资源设计理念及启示——基于Coursera平台MOOC课程的体验研究》，载《天津电大学报》，2013(3)。

第十一章　MOOCs 建设与运行的策略

MOOCs 除了在技术支撑环境方面有其特定的建设要求，也需要较好的资源建设。MOOCs 数字化学习资源在教育领域的应用大多还处于关注应用期，缺乏成熟的 MOOCs 运行与管理体系，在这种情况下，如果战略层面的问题得不到有效回答，相应的 MOOCs 质量和实施效果就会因很难摆脱盲目性而难以得到保证。本章从战略层面对在线课程建设与运行模式的现状实施调研，探究可持续发展的、具有代表性的在线课程建设和运行模式，包括建设模式的组织架构(机制)、利益相关方的职能定位、运作成效及利弊等，找出各类模式的共同要素、面临的问题、瓶颈及相关的解决策略等，形成高校可借鉴的实施方案，在此基础上进一步提出促进我国在线课程高效建设和科学发展的优化策略。本章主要针对基本情况、运行目的及运行机制类型、建设规划与管理、存在的问题及优化策略进行了探究。

一、MOOCs 建设与运行的基本情况

在我们所调查的 50 所高校中，43 所(占总数的 86%)高校有在线课程建设项目，其中 26 所高校有 MOOCs 项目，33 所高校有国家级精品课程项目，31 所高校有省级精品课程项目，33 所高校有校级精品课程项目，9 所高校有混合式课程项目。可以看出，虽然近两年教育部并没有硬性规定各高校要建设 MOOCs 课程，但以 MOOCs 为代表的在线教学已逐渐从高校教学的边缘走向中心。

截至 2015 年年底，各高校拥有的 MOOCs 课程数量不一，其中有 1

门的占20%，2门的占10%，10门的占10%，14门的占20%，20门以上的占20%，还有20%的高校还未有开发完成的MOOCs。MOOCs的开设对象方面，只针对校内学生的高校占27%，对校外和校内学生一视同仁的高校占35%，对校外学生部分开放的高校占27%，不清楚的高校占11%，不清楚的原因可能是高校还没有开发完成的MOOCs。

关于MOOCs平台，使用Coursera、FutureLearn等国外平台的高校占18%，使用爱课网、超星泛雅、智慧树等国内平台的高校占55%，使用自主开发平台的占55%，未定平台的占18%(有些高校同时使用多种平台)。

由此可看出，第一，不同高校选择了不同的平台发展战略。从调查数据来看，大多数高校倾向于选择使用国内已有的MOOCs平台、自行或与公司合作研发自己的平台。第二，我国自主研发的MOOCs平台已经初具规模，出现了高校自主研发的平台、企业建立的平台、联盟高校合作的平台、校企合作的平台等，为我国不同类型的学习者提供了丰富而广泛的学习机会。

另外，分析接受我们问卷调查的人员的资历可发现，问卷填写人员主要有教务处处长、教务处副处长、教务处科长、教务处科员、MOOCs推进办公室主任、网络中心(信息中心)主任、教学资源建设科科长、信息中心(多媒体部)副主任等，且从事在线课程管理工作的时间为5年以上的占43%，3～5年的占5%，2～3年的占24%，1年及1年以下的占28%。这些人的岗位主要集中于教务处(67%)、信息网络中心(23%)和专门成立的新部门(10%)。从中可看出，高校中MOOCs等在线课程项目的管理主要归在教务处、信息中心或为MOOCs建设与推广新成立的管理部门，且大多由专人负责。可以看出，大部分高校把MOOCs看作学校改革的重要契机，而非仅把它看作一种辅助的技术手段或参考资源，这是MOOCs发展的一大进步。这同时也进一步说明，以MOOCs为代表的在线教育将成为一种重要的教育传输形式。在有MOOCs项目的26所高校中，MOOCs管理部门的具体职能如表11-1所示。

表 11-1　管理部门的具体职能

职能	高校数量/所	比例/%
统筹规划	25	96
提供课程设计等培训	18	69
视频录制、课程制作	11	42
提供平台技术	15	58
过程性质量管理与监控	6	23
提供课程设计标准	12	46
其他	4	15

注：MOOCs 管理部门可能兼具多种职能。

从表 11-1 中可看出，除了统筹规划和有限的课程设计培训外，各高校的 MOOCs 管理部门在技术支持、平台、课程设计标准、过程性质量管理与监控方面的差异性很大，MOOCs 管理部门的职能还有待加强。

二、MOOCs 运行目的及运行机制类型分析

在关于 MOOCs 运行目的的调查中，有 MOOCs 项目的 26 所高校中 89%选择“非营利”，另有 11%的高校填写了“不确定”。MOOCs 运行机制类型的调查结果如表 11-2 所示。

表 11-2　高校 MOOCs 运行机制类型

运行机制类型	高校数量/所	比例/%
政府主导	7	27
平台运营商主导	0	0
高校主导	7	27
教师主导	0	0
校企联盟	7	27

续表

运行机制名称	高校数量/所	比例/%
校校联盟	2	7
多方合作	3	12
其他	0	0

从表11-2可以看出，目前我国高校MOOCs的运行机制主要以政府主导、高校主导和校企联盟为主，也出现了校校联盟和多方合作联动的机制，但平台运营商主导的运行机制及教师主导的运行机制在调查的高校中还不存在。这种情况符合我国国情，教育信息化特别是优质资源的建设在我国一直由政府主导，如国家精品在线开放课程、国家级精品资源共享课等皆属于这种情况，所以政府主导已成为很多高校的惯性思维。政府没指示，高校就没了方向，等着要政策、要支持。但可喜的是，在MOOCs建设方面，很多高校的主观能动性明显增强。而平台运营商主导的运行机制和教师主导的运行机制的缺失，一方面说明教师对MOOCs的态度不够积极，主观能动性弱；另一方面也说明要形成开放的以MOOCs为代表的课程市场，还有一段很长的路要走。

另外，以高校的类型作为自变量、以MOOCs的运行目的作为因变量进行交叉分析发现：除选择“不确定”选项的高校，高校MOOCs皆以“非营利”为目的，说明目前不管高校(无论是原“985工程”高校、原“211工程”高校还是高职院校、开放大学、军事院校等)选择的是哪种运行机制，目前对MOOCs的定位取向都是非营利的。当然，这从另一个侧面说明了目前我国大多数高校的MOOCs项目仍处于起步探索阶段，主要以满足本校教学为主，还不具备以营利为目的的课程市场体系。以高校的类型作为自变量，以MOOCs建设数量作为因变量进行交叉分析发现：原“985工程”高校的MOOCs门数均在14门以上，而其他类型高校的MOOCs数量差别很大。说明原“985工程”高校的MOOCs建设在时间、数量和质量方面均走在前列，反映了MOOCs的名校、名师、名课效应。

三、MOOCs 的建设规划与管理

MOOCs 建设是一项系统工程，涉及多个角色的分工合作。MOOCs 的运行主体主要有政府管理部门、高校、平台运营商和教师；在某一运行机制下，各运行主体承担着不同角色，各角色各司其职，分工合作。[①] 其中，主讲教师是关键角色，其专业能力、信息素养及在线教学设计能力直接影响 MOOCs 的质量。有些管理者误认为一位优秀的课堂授课教师在网上也必定会受到欢迎，其实不然。当前的管理者、教师等对 MOOCs 的认识还存在一定的局限性，如对 MOOCs 等在线教学的定义十分模糊，认为只是教材搬家或课堂搬家，只要拍拍录像或将教材搬到网上就算网络教学。而且对高校关于 MOOCs 态度的调查发现，对 MOOCs 的热情，管理者、学生明显高于教师。原因有二：其一，MOOCs 作为一种新型教育技术，其应用会打破固有的教与学观念，因而会引起一些教师的抵触；其二，教师习惯了传统的面对面教学，缺乏必要的在线教学设计经验，再加上技术瓶颈，使教师对 MOOCs 有种敬而远之的态度。在这种情况下，学校管理者不仅需要按照项目管理的流程来规划进度、提醒进度，处理好主讲教师与媒体开发人员等的衔接问题，还要在 MOOCs 的建设过程中为主讲教师保驾护航，实行过程性质量监控，即监控课程开发，提供个性化、有针对性的支持服务。下面主要针对制度保障、质量保障措施两个方面的调查情况进行分析。

1. 制度保障情况分析

经调查，在 43 所有在线课程建设项目的高校中，31 所(占总数的 72%)高校有公开发布的推进在线课程建设的政策，但只有 17 所(占总数的 40%)的高校拥有 MOOCs 运行管理条例。管理条例的缺失或不健全势必影响教师建设 MOOCs 的积极性和动力。不过可喜的是，在有 MOOCs 项目的 26 所高校中，13 所(占总数的 50%)有 MOOCs 教师工作量认定标准，14 所(占总数的 54%)高校将 MOOCs 与面授课程一同编入了学校选

---

① 闫寒冰、魏非：《远程教学设计》，12～24 页，上海，华东师范大学出版社，2008。

课系统。另外，有19所(占总数的73%)高校制订了MOOCs年度建设计划，具体情况如表11-3所示。

表11-3 MOOCs年度建设计划

计划建设课程的数量	高校数量/所
每年建设1～5门	7
每年建设5～10门	6
每年建设10～20门	3
每年建设20门以上	3
没有具体建设要求	7

2. 质量保障措施情况分析

总的来说，各高校MOOCs的质量保障措施主要体现为选择优质师资和优质课程进行建设。

第一，关于教师选拔，61%的高校以普遍号召为主，以重点动员为辅。第二，关于MOOCs的制作，根据调查数据，58%的高校由学校统筹安排专门技术人员或统一指定公司完成，35%的高校由主讲教师自己负责制作事宜，其他情况占7%。第三，关于教师培训，69%的高校为主讲教师提供了设计、开发与平台使用方面的培训。

以高校的类型为自变量，分别以MOOCs的运行机制类型、主讲教师的培训内容、MOOCs的制作责任方作为因变量，得到的交叉分析结果如下所述。

(1)运行机制类型

除原“985工程”高校和高职类院校外，其他类高校均有政府主导的运行机制；原“985工程”、原“211工程”高校和高职类院校均有校企合作的运行机制。总的来说，在运行机制类型的选择方面，各类高校间没有明显差异。说明不论哪种类型的高校，皆会根据自身基础条件和改革需求，选择适合的运行机制类型；各运行机制间不存在优劣之分，适合的就是最好的。

(2)主讲教师的培训内容

如前所述，69%的高校会为MOOCs教师提供培训。从培训内容上看，各类高校在设计课程、开发课程、平台使用等方面是否提供培训的情况无明显差异，但是否针对建设标准及要求提供培训的情况存在差异。数据分析发现，原“985 工程”高校、开放大学和军事院校提供建设标准及要求方面的培训，而其他类高校则不一定，如只有 33%的原“211 工程”高校、50%的高职类院校会提供建设标准及要求方面的培训。

这一结果和现实情况是吻合的。一所学校若能够提供建设标准及要求方面的培训，则说明其已在 MOOCs 等在线课程建设方面积累了丰富的经验，形成了自成体系的在线课程建设标准。MOOCs 在我国的兴起是从清华大学、北京大学、上海交通大学等一批原“985 工程”高校开始的，且这些高校也是 1999 年我国第一批进行网络教育试点的高校，所以其在 MOOCs 等在线课程建设方面的经验多于其他高校。另外，开放大学的前身是广播电视大学，也是我国最早一批进行网络教育试点的高校，而军事大学也一直是走在技术前沿的高校，所以这三类高校在 MOOCs 质量保障措施方面更完善。

(3)MOOCs 的制作责任方

MOOCs 的制作是很多学科教师面临的巨大挑战，一是因为大多数教师缺乏技术开发能力，二是因为请专业人员制作受到有限的经费制约。经分析发现，原“985 工程”高校、开放大学和军事院校都提供 MOOCs 制作的支持，要么由学校统筹安排专门技术人员，要么由学校统一指定公司负责，使教师可以把更多精力放在内容和教学设计上。而其他类的高校情况则不同，如原“211 工程”高校中有 17%是由主讲教师自己负责制作事宜的。

四、MOOCs 建设存在的问题

从调查的高校来看，大多数高校安排专岗专人来负责 MOOCs 项目的建设，包括 MOOCs 建设的统筹规划、政策制定、管理规范、教师培训、技术支持及质量监控等。部分高校已建设了一定数量的 MOOCs 并向校内外学生开放，且其中有一半以上的高校已将 MOOCs 纳入校内选课系统。目前，各高校主要采用了五种 MOOCs 运行机制：政府主导的运行机制、高校主导的运行机制、校企联盟运行机制、校校联盟运行机制和多方合作联动运行机制。通过访谈我们得知，很多高校把MOOCs视为学校改革的重要契机，对MOOCs建设的主观能动性明显增强，以开放的心态迎接这一时代赋予的机遇与挑战，而非仅仅将其视为一种辅助的技术手段或参考资源，这是MOOCs发展的一大进步。

然而，调研也发现，高校在MOOCs运行机制及课程质量保障措施规范方面还存在一定的问题及其他一些缺失。

第一，大多数高校的运行机制处于粗线条状态，动力机制不明，各运行主体的分工不清，特别体现在MOOCs建设管理规范、过程性质量监控、MOOCs教师工作量的认定、财力支持、技术支持服务与设计培训等方面。

第二，缺乏统一的课程设计开发标准。当前，一些MOOCs是由教师根据自己对在线教学的朴素理解自行设计的，这样的课程往往教学理念不清，结构混乱，可用性较差，学习者的学习体验也较差。

第三，缺乏统一的平台标准。高校各自为政，租用、购买、合作开发或独自开发MOOCs平台，产生了高校自主研发的平台、企业建立的平台、联盟高校合作的平台、校企合作的平台等，但这些平台缺乏统一的标准，会重演信息孤岛的尴尬。

第四，各类高校在MOOCs教师培训方面存在差异。69％的受调查高校为MOOCs教师提供培训。各类高校在是否提供设计课程、开发课程、平台使用等培训方面无明显差异，但在是否提供建设标准及要求培训方面存在差异。分析发现，原“985工程”高校、开放大学和军事院校提供建设标准及要求方面的培训，而其他类型的高校则在这方面有所欠缺。

第五，各类高校在MOOCs教师支持服务方面还有待加强。对比分析发现，虽然原“985工程”高校、开放大学和军事院校在MOOCs教师培训和支持服务方面的工作要优于其他类型高校，但总体来说，我国大多数高校MOOCs项目仅处于起步探索阶段，对教师的支持服务还有待加强。

总之，虽然大部分高校把MOOCs视为改革学校教与学的重要契机，但并没有充分认识到应推进相关管理制度改革以契合MOOCs的发展，运行机制还有待完善，管理规范还不成熟或缺失。

五、MOOCs 建设的优化策略

为了有效提高 MOOCs 课程的建设质量，保障 MOOCs 课程项目的顺利实施，我们提出以下建议。

第一，加强 MOOCs 课程管理人员的质量管理能力和领导能力。目前管理人员对 MOOCs 课程建设的管理依然采用惯用思维，重项目管理，轻质量管理，对 MOOCs 课程教师的培训、指导、支持与服务较弱或不到位，这说明高校对 MOOCs 课程管理制度变革的认识远远落后于其对教与学改革的认识。高校应该从整体视角推动管理制度改革，提高学校 MOOCs 课程管理人员的质量管理能力。

第二，加强对 MOOCs 课程教师的管理、支持与服务，充分调动其积极性，让他们将更多时间投入内容和教学设计，而不纠结在媒体技术开发和平台使用方面。闫寒冰和刘名卓把对 MOOCs 等在线课程主讲教师的管理模式归纳为三类：理想型、保姆型、护航型。在所谓理想型管理模式中，主讲教师本身已充分理解网络教学特点，能够根据远程网络教学的特点来研发 MOOCs 课程，而管理者主要按照项目管理的流程来规划进度、提醒进度，引进外部专家评价，处理主讲教师与媒体开发人员的衔接问题等。在保姆型管理模式中，主讲教师不需要了解网络教学的特点，甚至不需要了解课程开发的相关要求，只需要依据常规讲授自己擅长的内容，其他工作全部由助手完成，包括练习题设计、网上交互活动设计，演示文稿制作等。护航型模式即在主讲教师的常规管理中整合支持服务，使教师在设计开发 MOOCs 课程遇到困难时能够第一时间得到支持与帮助，如为教师提供 MOOCs 课程教学设计支架、咨询指导、媒体技术开发服务以及平台应用培训等。[①] 显然，鉴于目前各高校的实际情况，大多数 MOOCs 课程教师达不到理想型管理的要求；而对于保姆型的管理模式，目前还缺乏专业型的管理团队，也是做不到的，而且也是没必要的。因此，护航型管理模式比较适合 MOOCs 教师的管理。

---

① 闫寒冰、刘名卓：《整合学习支持的网络课程主讲教师管理模式研究》，载《远程教育杂志》，2012(5)。

第三，加强MOOCs过程性的质量监控与管理。MOOCs课程质量监控和认证方面的不足会影响MOOCs课程的深层次发展。[①] 有学者以国内大学MOOCs课程建设的实践情况为例，总结了MOOCs课程建设实践中存在的问题，提出MOOCs课程本土化的建设要与商业模式、教学模式等紧密结合，这样才能保证MOOCs课程的教学质量得到大的提升。[②] 因此，MOOCs课程的质量监控、课程认证和学分认可等问题应是实践者探索的重要内容。

第四，制定学校统一的MOOCs课程设计开发规范。一方面，教师对网络教学及教学平台不熟悉，设计MOOCs课程时很难确定MOOCs误程的教学结构及如何设计有效的学习和评价活动；另一方面，从开发管理的角度看，过于分化的MOOCs课程设计与开发加大了后期课程维护、管理和评价的难度，并且也不利于MCOCs课程的开放与共建共享。很多教师虽然知道了MOOCs课程是什么和为什么要开发MOOCs课程，却仍然不知道该如何做，因此，各高校有必要根据选用的教学平台，借鉴已有的国内外资源标准，找出MOOCs课程的设计规律，形成MOOCs课程的设计规范与典型案例，以指导教师的MOOCs课程设计与开发。该类规范的制定可以参考国际上的SCORM(共享内容对象参考模型)标准与电气和电子工程师协会的LOM(学习目标元数据)模型，以及全国信息技术标准化技术委员会教育技术分技术委员会(CELTSC)的《教育资源建设技术规范》等，并结合本校MOOCs课程共建共享的基本要求，选取一些最为普通的元数据元素。MOOCs课程设计开发规范的出台，不但可以使课程建设者有据可依，对评价标准的制定者也有很大的参考价值，有利于制定客观公正的评价指标和评价规范。

第五，形成业内统一的平台技术标准。经以上分析可以发现，各高校在选择平台方面较为理性，很多高校选择国内平台，或者自建、与企业或其他高校共建平台。我国目前已经有近百个与MOOCs课程有关的平

---

① 王颖、张金磊、张宝辉：《大规模网络开放课程(MOOC)典型项目特征分析及启示》，载《远程教育杂志》，2013(4)。

② 袁松鹤、刘选：《中国大学MOOC实践现状及共有问题——来自中国大学MOOC实践报告》，载《现代远程教育研究》，2014(4)。

台，但这些平台正面临同一个问题，即缺乏或者没有使用统一标准，平台间信息自成体系，不能互通。因此，制定统一的 MOOCs 课程平台标准，实现平台间的互通，是实现 MOOCs 课程共建共享的基础保障。

第十二章　MOOCs 质量保证与高等教育学分体系研究

为了推动 MOOCs 的可持续发展，使开放教育生态系统稳定运行，MOOCs 质量保证体系和学分认证体系的构建是重中之重。本章结合美国教育部关于在线教育课程评估的理论、方法以及其高等教育的学分认证体系，并对国家开放大学网络课程质量保证体系的构建、学分银行的学分认证等实践进行案例分析，提出我国 MOOCs 质量保证的标准体系、监控手段、评价方式和质量反馈改进机制，以实现 MOOCs 学分与高等教育学分体系的对接与转换，从而促进高等教育学分体系的变革。

一、远程教育质量保证要素的研究

远程教育质量保证要素即远程教育质量保证的关键环节或领域，是远程教育实践的支柱。

1. 国内远程教育质量保证要素的研究

质量作为远程教育发展的根本，受到了各方面的关注和重视。除了政府的质量管理政策，远程教育领域的专家对质量保证的关键环节和要素进行了深入的研究，以期为远程教育质量的长足发展提供理论依据。通过对大量文献的分析，总体来说，国内有关质量保证要素的研究文献可分为三类：一是通过远程教育实践经验总结要素；二是通过研究或综述总结要素；三是基于远程教育系统的特征，从主客观因素出发，归纳出一系列影响远程教育质量的要素。

北京师范大学远程教育研究中心的学者根据远程教育的特点和实质，

参考国外远程教育质量保证的相关研究，将远程教育的质量保证分为五个要素，即教育系统设计、远程教育课程的设计与审核、课程的发送、学习者支持、学生的评价。①

丁新和马红亮提出，无论是远程学历教育还是远程非学历教育，由于其成分、类型、层次都比较复杂，因此适宜建立多元化的质量标准。在纵向上，可以建立国家级、省级和学校级三级质量标准；在横向上，可以建立不同类型院校、不同教育层次和不同专业的质量标准。这种多元化、多级化的质量标准不仅有助于国家在宏观上进行质量控制和监督，而且有助于调动各院校办学的能动性、自主性，也兼顾了各类院校、各类专业固有的差异。同时，他们提出了保证远程教育质量的六个条件：招生规模要适度；设计开发高质量的远程教育课程和学习材料；为学习者提供完善的学习支持服务；由大学的专职教师而不是兼职教师完成；专职教师分配给远程学习的学生与校内学生的工作量应相同；与传统大学享有同样的地位和待遇，保证所需资金、政策、制度和资源。②

叶成林和丁新提出了一个二维的分类方式，一维是组织层次，即世界—国家—机构—部门；另一维是远程教育系统内的各要素，即远程教育服务提供者(学校)、远程教育服务接受者(学生)、远程教育内容(教材等资源)、远程教育传输服务系统(相关后勤支持部门)；并在此基础上提出了对国家远程教育发展的建议。③

中央广播电视大学的于云秀基于远程教育的系统观，提取出质量保证体系的五个要素：教学资源、学习过程控制、学习支持服务、教学管理和系统运作。④ 丁兴富依据国际比较研究的结果，提出网络远程教育质量保证体系共同的基本要素，包括资源设计、开发、发送及其评估，学习支持服务，双向通信交互，课程考核与学生学业评价，管理，教师的

① 陈祎、陈丽、殷丙山：《远程教育质量保证的系统观与评估方法》，载《中国电化教育》，2002(12)。

② 丁新、马红亮：《构建全面多元的远程教育质量观》，载《中国远程教育》，2003(19)。

③ 叶成林、丁新：《远程教育政策制定的理论体系》，载《电化教育研究》，2003(2)。

④ 于云秀：《广播电视大学开放教育的质量保证》，载《中国远程教育》，2004(19)。

专业发展与配需，研究，基础设施，财政。①

李爽和郑勤华提出网络教育质量的评估的核心内容是标准的制定。远程教育有别于传统教育的教育形式，标准也应与传统教育不同。不同国家所制定的质量最低标准是不同的，这与各个国家远程教育的发展阶段和实践模式不同有关。他们指出，英国的远程教育质量标准内容强调从学生和教师的角度综合考虑，进一步涵盖远程教育项目的发展战略、组织结构，并从信息技术应用等方面综合考虑标准体系。②

裴雯雯提出，远程教育质量保证分为内部质量保证和外部质量保证。内部质量保证由课程开发子系统、学生支持子系统和教学管理子系统组成。课程开发子系统与学生支持子系统相辅相成，教学管理子系统对课程开发子系统进行管理评估，对学生支持子系统进行监督支持。外部质量保证对内部质量的各个环节进行指导和监督。③

李葆萍认为远程教育质量保证可以分为环境要素、支持要素、核心体系。环境要素包括远程教育行业发展法规等，支持要素包括基础设施建设、技术支持、财政支持，核心体系指质量保证要素及运作机制相关的制度和规定(人才标准、课程管理、组织机构、质量控制、学生及公共服务)。④

李怡认为质量保证体系要素可以划分为四类，分别是思想层面(教育目标的质量管理)、物质层面(教育资源的质量管理)、制度层面(培养过程的质量管理)和绩效层面(教学成果的质量管理)。⑤

2. 国外远程教育质量保证要素的研究

许多国家的远程教育起步早于中国，其对远程教育质量保证的实践要深入得多。许多国家和地区都制定了远程教育质量保证标准，这些标准能够清晰地反映其对远程教育质量保证要素的关注。印度颁布的国家

---

① 丁兴富：《远程教育质量保证国际比较研究及其主要结论——“远程教育质量保证及质量评估与认证国际比较研究”成果(1)》，载《中国远程教育》，2005(2)。

② 李爽、郑勤华：《共同关注质量课题——“2006网络教育国际论坛”境外专家随访》，载《中国远程教育》，2006(11)。

③ 裴雯雯：《现代远程教育内部质量保证体系的构建》，载《现代远程教育研究》，2009(6)。

④ 李葆萍：《我国远程高等教育质量保证政策体系研究》，载《现代远程教育研究》，2010(3)。

⑤ 李怡：《哈曼框架下远程教育质量保证体系要素分析》，载《现代远程教育研究》，2008(3)。

远程教育质量保证标准的内容框架包括使命和愿景、评价和评估、教育资源、领导力与管理、财经资源、信息技术基础设施、教与学、课程开发、学生支持、教职员工、研究；日本颁布的国家远程教育质量保证标准包括使命和愿景、评价和评估、教育资源、领导力与管理、财经资源、教与学、课程开发、学生支持、教职员工、内部质量保证系统、研究；其他国家也颁布了类似的远程教育质量保证框架。9 个亚洲国家的远程教育质量保证标准包含的质量要素如表 12-1 所示。

表 12-1 9 个亚洲国家远程教育质量保证标准的质量要素

质量要素	印度	印度尼西亚	韩国	日本	马来西亚	蒙古国	菲律宾	新加坡	斯里兰卡
使命和愿景	有	有	有	有	有	有	有	有	有
评价和评估	有	有	有	有	有	有	有	有	有
教育资源	有	有	有	有	有	有	有	有	有
领导力与管理	有	有	有	有	有	有	有	有	有
财经资源	有	有	有	有	有	有	无	有	有
信息技术基础设施	有	有	有	无	无	无	无	无	无
教与学	有	有	有	有	有	有	有	有	有
课程开发	有	有	有	有	有	有	有	有	有
学生支持	有	有	有	有	有	有	有	有	有
教职员工	有	有	有	有	有	有	无	有	有
内部质量保证系统	无	有	无	有	无	无	有	无	有
研究	有	有	有	有	有	有	无	有	有

从以上 9 个亚洲国家的远程教育质量保证标准来看，使命和愿景、评价和评估、教育资源、领导力与管理、教与学、课程开发、学生支持等是各个国家比较关注的质量要素。

研究人员对质量保证常涉要素的共识度比较高，主要有机构使命、教学设施、教学内容及活动、教学人员、学生服务、财务状况等。有学者提出了高等教育服务质量的七个因素——教学内容、教学设施、学校员工、学生关注、教学考核、教学指导、社会活动；另有学者认为影响高等教育质量的因素包括学校声誉、管理人员、教学人员、课程内容、硬件设施、服务反应性及便利性；还有学者提出了课程安排、学校设施、学术声誉、求学成本、可选择性及其他决定高等教育服务质量的因素。① 有学者总结了在文献中反复出现的质量保证相关领域，包括：机构管理层的承诺、技术基础设施、学生服务、（课程）设计与开发、教学和教师服务、项目发送、财务健康、合法合规及项目评估。② 也有学者提出远程教育的五项质量要素为学习效果、成本效益及机构使命、可获得性、教师满意度及学生满意度。③

二、高等教育的质量保证体系

1. 高等教育质量的评估标准

2010年7月，《国家中长期教育改革和发展规划纲要（2010—2020年）》颁布，强调“把提高质量作为教育改革发展的核心任务”。2011年10月，《教育部关于普通高等学校本科教学评估工作的意见》发布，其对本科教学评估工作进行了整体设计和制度安排。本科教学评估以学校为主体，主要目的是为国家把关，促进办学条件改善，促进教学管理规范，促进教学质量提高。

评估程序包括学校自评、专家进校考察、评估结论审议与发布等。首先，参评学校根据评估办法、审核评估内容以及上一次本科教学工作评估发现的问题的整改情况，结合自身实际，开展自我评估，按要求填报本科教学基本状态数据，在此基础上形成自评报告和教学基本状态数

① 王成慧、王伟：《高等教育服务质量的文献综述及研究方向》，载《教育教学论坛》，2012(33)。

② Jia Frydenberg, “Quality Standards in learning: A Matrix of Analysis,” *The International Review of Research in Open and Distance Learning*, 2002(2).

③ Janet C. Moore, “The Sloan Consortium Quality Framework and the Five Pillars,” https://pdfs.semanticscholar.org/e482/e560c0f4bc6182fa3bb04ffdc886fcce229d.pdf?_ga=2.79509524.1010980873.1553498373-563478667.1553498373, 2018-03-20.

据分析报告，同时提交各年度本科教学质量报告。然后，专家组在审核学校的自评报告、年度本科教学质量报告及教学基本状态数据分析报告的基础上，通过查阅材料、个别访谈、集体访谈、考察教学设施与公共服务设施、观摩课堂教学与实践教学等形式，对学校教学工作做出公正客观的评价，形成写实性的审核评估报告。之后，各省(自治区、直辖市)教育行政部门和教育部评估中心根据审核评估情况形成总结报告，上报教育部。最后，教育部组织评估专家委员会进行审议，公布审议结果，并由教育部评估中心和各地教育行政部门公开发布参评高校的审核评估结论。审核评估结论是学校教育教学质量的反映，与学校办学、发展直接相关，学校要根据审核评估所提出的问题及建议进行整改，有关教育行政部门对评估学校的整改情况进行指导和检查，并在政策制定、资源配置、招生规模、学科专业建设等方面予以充分考虑，促进学校教学质量不断提高。

整个评估过程是按《普通高等学校本科教学工作水平评估方案(试行)》开展的，该方案一级指标有 7 个，分别为办学指导思想、师资队伍、教学条件与利用、专业建设与教学改革、教学管理、学习、教学效果。二级指标包括学校定位、办学思路等 19 个；针对每一个二级指标设置了 1～5 个观测点，共 44 个观测点，并给出了具体的要求。评估结论分为优秀、良好、合格、不合格。

2. 远程教育机构的质量保证模式和标准

国家开放大学是在中央广播电视大学和地方广播电视大学的基础上建立的，成立于 2012 年，是一所新型大学。1999 年之前，中央广播电视大学与广播电视大学系统(包括 44 所省级广播电视大学、约 1000 所地市级和县广播电视大学和约 3000 个学习中心)一起组成了中国的远程教育系统。1999 年，中国开始实施开放教育试点项目，教育部陆续批准成立了 68 所网络教育学院。这些学院依托传统高校而建立，提供基于信息通信技术的远程教育。中央广播电视大学及各地方广播电视大学也加入了这个项目。

开放教育试点项目开展至今已开设了 92 个专业，覆盖理、工、农、医、文、法、经济、管理、教育等领域，培养学生多达 295 万人，占全国远程学生总数的2/3。与北京大学医学网络教育学院相同，国家开放大学实施了教育部所规定的三项措施，除此之外还建立起了自己的质量保证框架来监控系统的质量。该框架涵盖五个方面，分别是教学资源建设、教学过程、学习支持服务、教学(教务)管理、教学条件保障，共35个指标。

(1)教学资源建设

教学资源建设指建设包括多媒体资源在内的各种教学资源。国家开放大学为各级广播电视大学准备好必要的开发文档，并管理开发高质量教学资源平台。在专业和课程的建设阶段，国家开放大学向各级广播电视大学提出开设新专业的建议。首先，国家开放大学的相关人员提出新专业的建设计划；其次，外部和内部的专家团队对该计划进行评价、讨论和修改；最后，新计划被递交给教育部，一旦教育部批准通过，该计划即可在全国范围内实施。除了教学方案，国家开放大学还向各级广播电视大学提供教学大纲的指导，各级广播电视大学遵循国家开放大学的指导设计标准化的或统一的必修课、部分选修课和实践课的教学大纲。国家开放大学还会对每门课程的建设提出建议，并设计所有必修课的教学方案。

国家开放大学管理通用课程的教学资源开发，并使用项目管理系统。资源开发的每一步都由学科专家和教育技术专家严格监控。课程组负责的内容包括分析教学内容和学习者需求，设置课程目标，提供设计教学策略的建议，开发教学材料，提供和更新网上的教学内容。此外，国家开放大学还向各级广播电视大学提供其所用课程中的各种教学资源的使用建议。

(2)教学过程

在远程教育中，教学指学生通过电视或网络接受教师的指导、进行自主学习的过程，包括准备、课程传输、学习活动、实践教学和评价几大方面。

第一，准备。国家开放大学负责为省级广播电视大学设计所有必修课的教学方案，方案包括介绍、媒体使用、教学过程和评价。此外，国家开放大学还提供通用课程的指导，指导教与学的策略及媒体的选择和整合，并提供教师培训，所有广播电视大学的负责教师都要参加培训，培训内容为设计课程、教学方法和实践流程。国家开放大学还负责设计每门课程的入学考试，以保证教学能够适应不同层次的需要，通过分析考试结果形成针对所存问题的解决方案。

第二，课程传输。广播电视大学的课程通过多种媒体传输。国家开放大学负责安排视听课程的传输、网络课程的管理和各种媒体教材的出版。因为必修课学生很多，所以通过卫星电视和网络在全国范围内传播课程，必修课程的教学材料被传输给负责当地材料传输的省级广播电视大学，学习中心也可以用这些材料来组织他们的教学活动。教师通过广播课堂、函授、电话、邮件和在线论坛等网络工具来直接辅导学生。

第三，学习活动。国家开放大学的质量保证系统非常关注学生学习过程中的学习活动。国家开放大学在教学文档中提供自主和小组学习的方法指南，并要求省级广播电视大学帮助学生组成学习小组，参与协作学习，克服学习过程中的孤独感。

第四，实践教学。国家开放大学为了提高广播电视大学课程的质量，向学生提供了实践教学的机会。实践教学是一种帮助学生将教学理论知识应用于实践、增进感性知识的理解并发展实践技能的职业培训。国家开放大学对实践教学做了特别要求，由省级广播电视大学管理，国家开放大学为必修课程的实践教学设计相关文档，并培训和认证广播电视大学负责毕业设计工作的课程协调员。

第五，评价。国家开放大学向省级广播电视大学提供所有有关标准化教学过程的文档，并指导其遵循国家开放大学的指南形成他们自己的规则和文档。国家开放大学还撰写了《国家开放大学必修课工作流程》，详细说明了评价原则、评分说明、考试小组的任务和职责、试题的编制和管理、每门课程评价的安排和组织以及评价结果的统计分析。省级广播电视大学课程的教学质量均由国家开放大学依据评价远程教学过程和材料使用的标准进行定期审核，在审核中了解省级广播电视大学教师和学生的意见，从而改进教育质量。另外，为了评价教学结果、完善教学过程，省级广播电视大学还对毕业生进行追踪研究。搜集包括注册和毕业年限、所在的学习中心、所读专业、之前的工作背景、目前的岗位和职位、毕业后完成的技术或研究报告、已出版的研究、获得的荣誉等在内的各种数据。这些数据是评价教学质量和学习结果的依据，能够帮助广播电视大学认识学生和雇主的需求，调整其课程结构，以改进教学成效和学习结果。

(3)学习支持服务

为了支持学生学习，国家开放大学提供了多种多媒体材料、课程教学大纲、形成性评价手册、考试说明和其他学习资源。基于对学生需求的全面了解，尤其是对经济发达地区和欠发达地区的不同学习环境的了解，在每学期开始之前，国家开放大学为学生提供三种必修课材料：印刷材料、音频材料和视频材料，同时提供在线资源。除此之外，国家开放大学还通过电话、电子邮件和面授的形式支持学生的学习，并通过网络定期更新每门课程的学习要求，针对学生咨询的问题给予反馈，公布联系信息，如课程协调员的电子邮箱及其所在的办公室，提供考前复习资料，等等。

另外，国家开放大学为省级广播电视大学负责学生服务的教师提供多种服务。所有教师都能通过教师网站获得他们教学和研究所需要的信息，能够获得教学评价的反馈，还能够参加培训会。国家开放大学培训教师如何开发课件，如何较好地应用网络技术，如何将远程教育的理论应用于实践，以及如何开展教学研究。值得一提的是，国家开放大学特别支持教师开展研究工作，不论是课程研究、远程教育研究还是与技术相关的研究；而且还为教师组织研讨会和论坛，促进学术氛围的形成，并鼓励教师进行教学创新。国家开放大学还对兼职教师进行关于远程教育特征的培训，以帮助他们形成对远程教育的认识，并习得有效的远程教学方法。

(4)教学(教务)管理

在宏观层面，国家开放大学希望能够通过一种管理机制来协调自身和各级广播电视大学的教学计划、实施和管理过程，促进他们之间的合作。为了达成这个目的，国家开放大学承担的主要任务包括：总体规划，设置专业，制订总体教学计划，管理整个教学过程，定义通用课程，提供培训项目，提供课程方案、评价指南及课程材料，以及管理通用课程的教学实施。此外，国家开放大学还依据教育部的相关规定制定了管理学习中心和考点的标准和管理办法，并组织专家监控和评价学习中心的教学环境、设备和教师，并为其教学活动提供支持。

国家开放大学明确了教师、课程材料的主要编写人员及课程协调员的职责和资格要求。按照教师评价标准、方法和流程评价教师，并记录、分析和使用评价结果。此外，国家开放大学还为培训全职和兼职教师制定了培训规则、培训计划和实施方案，组织多种教师培训活动，总结、分析和反馈培训效果。在学生数据系统方面，国家开放大学负责制定统一的招生宣传提纲，发布招生信息，并加强信息传播的管理；负责管理整个广播电视大学系统的学生档案，建立和实施毕业证授予制度，审查毕业程序，并根据相应程序颁发毕业证。在教学资源方面，国家开放大学负责制定课程资源的开发标准，提供有效的课程传输渠道，并评价教学资源传输的有效性。在知识产权方面，国家开放大学负责调查和分析整个电大系统在知识产权方面的问题，制定、完善和规范相关规定，并实施知识产权管理方案。在学习评价方面，国家开放大学规划、规范并组织学习评价培训，并管理形成性和总结性评价活动。

(5)教学条件保障

各广播电视大学所处的层级不同，因而其教与学的条件和教学任务不同，国家开放大学制定了不同层级的广播电视大学在建立新的学习中心时所必须具备的教与学条件标准。这些标准通常涵盖考点、实验室、图书馆、在线远程教学系统、网络建设和应用、教师资格等方面。国家开放大学还对广播电视大学的教学条件进行监控，并拨专款改进设施以保证有效的教与学。这些资金通常用于丰富在线教育平台的功能，使用卫星技术来向省级广播电视大学传递教学资源，完善在线远程教学系统，建设和共享数字图书馆和在线测试系统。国家开放大学拥有自己的人力资源库，以确保远程教育的顺利实施，人力资源库包含人员信息、每个岗位的工作规范和职责、员工的工作表现和培训记录。

三、影响 MOOCs 质量的关键因素

研究者普遍意识到 MOOCs 的完成率很低，于是展开对 MOOCs 质量

的讨论。即使是斯坦福大学、麻省理工学院和加利福尼亚大学伯克利分校等名牌大学提供的MOOCs，学习者的辍学率也高达80%～95%。以加利福尼亚大学伯克利分校“软件工程”课程为例，5万多名注册学员中仅有7%学完课程并拿到证书。一些反对MOOCs的人认为，惊人的高辍学率表明MOOCs只是一种营销炒作，致力于吸引更多人学习而不关注其获得多少学习成果。也有观点认为不能单纯地将完成率作为衡量MOOCs质量的唯一标准，学习者的期望、能力水平也是干扰完成率的因素；完成率低不能说明课程质量一定差，但质量确实是影响完成率的因素之一。

MOOCs基于在线学习的方式突破了时空局限，致力于让所有人都能学习世界顶尖大学的优质课程。然而，并非所有的MOOCs都是高质量的、都能实现这样的目标，这就需要我们采取一定措施和策略提高课程质量，预防和避免劣质课程的出现。目前，各远程教育机构在在线课程质量保证方面做得较好，建立了完善的课程建设规范和一系列课程评价指标体系。但MOOCs的运营主体多为新成立的互联网公司，它们在这方面缺乏经验和积累。考虑到MOOCs与远程教育在线课程有较多相似之处，都是基于网络学习平台来获取学习资源、组织学习活动的，因此在建立MOOCs质量保证体系时，可以以在线课程质量保证体系为蓝本，从中提炼具有共性的质量因子，并结合MOOCs的差异化特征构建质量模型，这种方式为我们建立合理的质量保证体系奠定了扎实的基础。

1. 在线课程的质量因素

在线课程的质量方面，国内外已有许多可参照的课程质量标准、课程评价基准和课程评价指标体系。

针对在线课程的质量保证，国内有不少学者进行了研究。欧阳丽红以计算机网络课程学生学习情况为例，研究了网络课程质量保证的策略与方法，详细阐述了七个在线课程质量保证要素，包括院校提供的支持、学生支持、教师支持、课程开发、课程结构、教与学过程、课程评价等。[①] 袁松鹤、王迎对比了大陆与台湾的网络课程评审与认证在体制、机制及指标等方面的差异，发现大陆网络教育精品课程从教育理念与课程

① 欧阳丽红：《远程网络课程质量保证之个案研究》，载《开放教育研究》，2005(1)。

设计、教师队伍、教学内容与学习资源、教学活动组织与实施、学习支持服务、教学效果、特色与政策支持这七个方面构建指标，而台湾的网络课程则关注教材内容与架构、教材设计、辅助设计、媒体与接口设计。① 王志军、陈丽基于对三种类型 MOOCs 的特点和理论基础的比较分析，探讨了如何有效设计高质量的 MOOCs，建议实现教学目标、教学内容、教学方法和学生特征之间的最佳匹配。②

随着国内网络教育不断发展，我国出台了一系列网络课程标准。2001—2003 年，教育部先后制定了关于网络课件质量和网络教学过程的认证标准与指标。为了在教育应用技术层面提供支持教育资源共享、信息交换和系统互操作的国内统一的技术标准，CELTSC 研制并发布了中国网络教育技术标准体系，截至目前已经建立 5 个大类 28 个系列子标准，网络课程评价规范是其中之一，属于教育管理类的通用规范。2007 年，在高等学校教学质量与教学改革工程的背景下，教育部先后建立了针对各种高等教育类型的一系列评审指标体系，于 2009 年制定了网络教育国家精品课程的评审方案，发布了《国家精品课程评审指标（网络教育 2009）》。2015 年，《教育部关于加强高等学校在线开放课程建设应用与管理的意见》出台，提出在对国家精品在线开放课程进行认定时，要综合考察课程的教学内容与资源、教学设计与方法、教学活动与评价、教学效果与影响、团队支持与服务等。

国外的网络课程质量保证主要是通过出台质量标准实现的。随着国外网络课程的不断发展，为了保证或评价网络课程质量，国外不同组织在不同时期出台了多样化的网络课程标准，如美国的在线学习认证标准（E-Learning Certification Standards）、在线学习课件认证（E-Learning Courseware Certification）、在线学习质量（Quality on the Line），英国的远程学习质量保证指南（Guidelines on the Quality Assurance of Distance Learning）、虚拟学习环境的教育评价框架（A Framework for Pedagogical Evaluation of Virtual Learning Environments），加拿大的网络课程质量框

---

① 袁松鹤、王迎：《两岸远程教育网络课程质量保证的比较研究》，2011(8)。

② 王志军、陈丽：《如何有效设计高质量的 MOOCs——基于认知目标分类和交互分析框架的思考》，载《现代远程教育研究》，2014(6)。

架(Quality Framework of Online Courses)，等等。此外，也有专门机构所制定的网络教育标准体系，如全球学习联盟制定的系列标准和美国国防部制定的标准等。

总结已有的课程质量保证标准和已有的研究成果我们可以看出，课程总体设计、课程目标、内容与结构、课程资源、教与学过程、学习评价等是影响在线课程质量的重要因素。

2. MOOCs的特殊性

虽然MOOCs具有在线课程的基本特征，但也有一些特殊性。MOOCs和一般在线课程的差异具体表现在以下七个方面。

(1)海量的学习者

MOOCs学习者数量极大且具有多样性，这就带来一系列相关效应，直接体现在学习效果评价和学习支持服务等方面。MOOCs主讲教师一人无法完成所有学生的作业评价和反馈，同样也不可能督促每个学生、进行个别化指导，学习活动大多以自主学习或合作学习的形式开展。

(2)课程资源免费开放

目前大多数MOOCs向所有学习者免费开放。课程空间中的课程大纲、课程资料、教材、流媒体视频、多媒体应用等无须付费即可访问。完全开放的特征需要课程平台在媒体方面对各种设备、各类群体做较多的适配调整。

(3)学习者自主度较高

MOOCs学习者具有较高的自由度，能够自己安排学习时间和学习进度，能够创建、使用和贡献课程资源，能够筛选或与他人分享信息，能够在课程论坛中对他人的观点、看法发表评论。此外，MOOCs鼓励学习者成为知识的创造者，培养独立自主的精神。

(4)注重学习交互

MOOCs注重学习过程中的交互，而不仅提供课程内容本身。课程中既有学习者与内容之间的交互，也有学习者与教师、学习者之间的交互，这些交互可更好地支持个性化学习。

(5)多元化的学习成果认证机制

目前，在大多数情况下，学习者完成MOOCs并通过考核后可获得任课教师签发的电子证书，如需其他级别或其他形式的认证则需要一定费用。课程认证的主体是多元化的，可以是网站、第三方或提供课程的高校。相比之下，传统在线课程的认证机制单一，仅由开设课程的机构提供考核和认证服务。

（6）应用先进的信息技术手段

MOOCs大量使用互联网和移动互联网技术，是教育领域技术含量最高的子领域。课程学习依赖于平台的技术支撑，如微视频、虚拟实验、基于网络的协同学习及同伴评价等。而传统在线课程主要由主办方提供教学服务，并不特别强调技术手段的应用。

以上这些因素对确立MOOCs的质量观具有重要影响，在建构质量保证体系时应予以关注和强调。

3. MOOCs的质量观

MOOCs的特殊性导致其在质量观上与远程教育的在线课程及传统面授课程有一定差异，集中表现在对学习结果的考量、对学生和教师的评价及对社会的影响等方面。在传统课程中，学习发生在固定场所，教师面对学生讲课，可以通过学生的课堂反馈及时调整教学内容，教师与学习者直接互动。而MOOCs学习大多发生在网络环境，师生、生生以互联网为媒介，很少有面对面交流的机会。对远程教育的在线课程和传统课程来说，课程完成率、学生考试成绩、学生满意度是衡量课程质量的重要依据。而MOOCs学习更多出于个人爱好，或出于自我完善的需要，学习者不以获得学分和学历为主要目标，所以这些指标不宜作为质量评价的主要依据。MOOCs对学习者没有硬性的完成要求，学习者不通过课程考核也没有个人损失，因而其完成率远低于传统在线课程。同时，远程教育的在线课程和传统学校有规范、严格的考试认证机制，而MOOCs较少提供学分和学历认证，而且缺少考试监控机制，考试成绩不具有很高的认可度。基于以上原因，我们不能直接套用全日制高等教育或远程学历教育的评价标准衡量MOOCs的质量。

对于MOOCs质量的评价要从其固有特点入手，关注高质量课程所共有的特征。例如，受学习者欢迎的MOOCs一般会具有以下特征。

第一，针对开放性、大规模来优化课程。为应对学习者的巨大差异性，优秀的MOOCs会提供清晰、详细的课程说明和学习要求，列出课程学习过程中常见的问题和解决办法，给学习者更好的体验；提供不同层次的补充学习材料和多种路径，以满足不同水平和认知偏好的学习者的需要。

第二，强调以学习者为中心。学习者在MOOCs平台上自主选择、注册、学习课程。因为在学习过程中缺少教师、同学的直接帮助，所以课程设计以学习者为中心，鼓励他们主动学习、主动探索。课程在表现形式上能吸引学习者的注意力，并通过技术手段促进学习交互的发生。

第三，课程内容和支持服务并重。优质的课程内容和良好的表现形式是高质量的直接表现。目前，大部分MOOCs在内容选取和资源制作上达到了较高水平。然而，由于学习者大多在业余时间学习，如果缺少老师的当面指导，遇到的问题得不到解答，就容易中断学习、放弃课程。因此，运行良好的MOOCs还会考虑组建助教队伍，提供有效的学习支持服务。

4. MOOCs的质量模型

在线课程质量量规(Online Course Evaluation Rubric)是目前国外广泛认可、被引次数较多的在线课程质量模型。该量规从课程概述与简介、学习目标、学习测评、教学资源、交互性、课程技术、学生支持、易用性8个方面制定了保证在线课程质量的措施。结合前文分析的MOOCs的特殊性，我们对此进行了补充和优化，得到影响MOOCs质量的11个因素，包括项目化管理、课程概述、教学设计、教学内容、教学媒体、交流与交互、学习成果评价、课程测试与评价、技术系统、学习支持、政策资金支持。需要注意的是，这些因素分别属于不同层次或不同范畴，如有些属于技术层面(教学媒体、技术系统)，有些属于内容/教学层面(课程概述、教学设计、教学内容、交流与交互、学习成果评价)，有些属于管理层面(项目化管理、课程测试与评价、学习支持、政策资金支持)。将这些因素按所属范畴分组，就得到了MOOCs质量模型。

四、MOOCs的质量保证方法和策略

以MOOCs质量模型为依据，此处从媒体技术、课程内容及课程管理

三方面讨论课程建设及运营的质量要点和保障措施。

1. 媒体技术

MOOCs 学习者在非面授环境中主要通过互联网媒体访问课程内容。网络媒体和平台是向学习者传递学习内容和组织学习活动的载体，对课程质量影响巨大。我们可从学习者直接使用的教学媒体以及为课程教学提供服务的技术系统两方面讨论媒体技术方面的质量要点。

MOOCs 使用的教学媒体素材以文字材料和视频讲解为主。对于文字材料，制作者需考虑文字的排版、内容的长度等；对于视频材料，则应关注视频的清晰度、流畅性和画面构图，并控制单个视频文件的时长。

技术系统主要指用于支持 MOOCs 运行的教学平台、教学工具软件及其他相关技术手段。MOOCs 大量运用信息技术开展学习活动，增强师生、生生的线上互动，激励学生学习。在这方面，我们应考察技术系统的界面设计、导航系统、网络硬件环境及对学习者的技术保障等。

2. 课程内容

课程内容对课程质量有直接影响，该维度涉及课程概述与简介、教学设计、教学内容、交流与交互和学习成果评价等质量要点。

课程概述与简介可以帮助学习者初步了解课程内容并作为是否学习该课程的参考，很多课程的主讲教师会精心设计这部分内容以吸引学习者。简介部分除教师自我介绍必不可少外，还应包含对常见问题及所需知识基础的说明。

在教学设计方面，由于 MOOCs 学习者有很大的自主性和灵活性，清晰明了的教学大纲是保证学习者了解课程内容的前提。教学大纲应包括课程的章节目录、相应作业安排和学时总量等信息，对学习目标、教学重难点、时间分配及评价标准等也应详细说明。MOOCs 一般以周为单位，大多数课程的开课时间为 4～8 周。据统计，Coursera 平台上长度为 6 周的课程所占比例最大，其次为 4 周和 8 周。和远程教育相似，学习者主要利用业余时间学习，所以课程设计者在每周学习时间、作业时间、交流讨论时间的安排上应为学习者提供参考建议。

MOOCs 教学内容由主讲教师团队专门设计。考虑到学习者的知识基础和学习能力差异较大，教学内容应难度适中，既让水平较低的学习者不吃力，又能满足高水平学习者的需求。此外，主讲教师还要注意版权归属，避免出现法律纠纷。

交流与交互包括学习者与内容、学习者与教师、学习者之间的交互。与在线学习一样，MOOCs学习者也会遇到有孤独感、缺少面对面交流、缺少及时指导和反馈等问题，所以课程在开放期间促进师生交流、同伴互助合作以及学习者与内容之间的互动非常重要。

最后，学习成果评价是MOOCs学习的重要一环，它不仅可用于测量学生的学习成果，也可以帮助教师了解课程整体的学习情况。考虑到MOOCs在网络环境中学习者规模大的特点，评价应尽可能采用自动化评判的测量方式，同时注意培养学习者解决问题的能力和批判性思维。此外，MOOCs对学习结果的评价和认证也应多元化，主办方或第三方权威机构的认证能够大大提高MOOCs学习成果的社会认可度，这也是课程质量的一种体现。

3. 课程管理

MOOCs开发周期较长，需各类专业人士参与，需较多资金及行政管理政策的保障。教育机构（主要是高校）是组织者和发起者，应有组织、有计划地选拔优秀教师或受欢迎课程的教师参与其中；课程在制作过程中，应有政策、资金、设备、人力等多方面的支持，同时对课程申请、审批和验收环节严格把关。为推进课程开发工作，机构还应组织关于MOOCs开发的交流会、培训会、研讨会等，以革新教师的教学理念，提高他们的教学实践技能。在我国，教育行政部门和高校的政策支持作用巨大。2015年4月，《教育部关于加强高等学校在线开放课程建设应用与管理的意见》明确提出了在线开放课程建设的要求和目标。北京大学等高校对本校的MOOCs建设也制定了相应的规章制度及管理办法。

从近几年国内外MOOCs开发的实践看，项目化管理是保障课程质量的有效机制。首先，正式、严格的审批过程为课程质量保证奠定了良好的基础。开发机构应注意课程的选择，教师的教学经验、能力水平与个人素养，课程内容的成熟度，预算的合理性等，确保课程开发从起点就关注质量。其次，课程开发应采用团队模式，并形成专业化分工，确保每部分都达到高质量。再次，开发机构应制订合理的课程开发实施计划，保证开发工作顺利进行。南安普敦大学、不列颠哥伦比亚大学等高校在MOOCs建设方面积累了较多经验，并将开发工作规范化，强调按计划实施课程开发的重要性。课程开发完成后，组织方还要对课程进行不同层次的测试和审查，这是课程发布前保证课程质量的最后一个环节，主要任务是找出课程中的内容错误和技术问题并及时改进。此外，为保证课程顺利运行，课程平台应为教师和学习者提供各种支持服务，改善用户的使用体验。

五、学习成果认证、积累和转换

1. 学分转移相关研究

学分转移指学生在一个学习机构学习所获得的学分能够被另一个机构认可，并作为取得毕业证书或文凭总学分的一部分。世界上很多国家都建立了学分转移的相关制度，以促进学生在不同教育机构之间的流动，促进终身学习。例如，欧洲在1989年创设了欧洲学分转换和积累系统(European Credit Transfer and Accumulation System，ECTS)，通过采用统一的学分标准，增加学习内容和学习评价的透明性，建立高等教育质量保障体系，促进了欧洲各国高等教育的互信，为学生的流动提供了便利。美国和加拿大在社区学院与大学之间建立了学分互认制度，该制度的实施促进了两年制社区学院教育与四年制大学教育顺利衔接。为了使学生在社区学院取得的学分能够顺利转换到大学中，社区学院和大学签订了一系列课程或专业认证协议。这些协议建立在对课程的等价性评价的基础上，其作用是保证学生在社区学院完成课程学习后，所取得的学分能够获得大学的认可。澳大利亚在20世纪90年代中期开始建立澳大利亚职业资格框架(Australian Qualifications Framework，AQF)，其目的是采用国家统一的资格认定体系，为中等教育、职业技术教育和高等教育这三大教育领域之间搭建起一座互通互连的“立交桥”。在亚洲，韩国率先开始了学分银行的探索实践。韩国学分银行是一个开放的教育系统，对学习者在学校内外的各种学习经历进行认证。当学习者积累了足够的由学分银行认证的学分后，就可以获得副学士或学士学位。通过学分银行系统，韩国实现了正规教育与非正规教育的沟通，促进了社会成员的终身学习。

为促进高校之间优质教育资源的共享，促进学生综合素质的提升，我国高等教育领域也开展了一些学分转换的实践。根据已有研究，国内高校的学分互认或学分转换的实施模式主要有以下几种。第一，跨校选课，学分互认。地理位置相近的高校，通过建立共同体等协作组织开展合作办学。跨校选课中，协作组织成员高校通常选择自身特色课程，向协作组织成员高校的学生开放。学生跨校选修课程所获得的学分可作为公共选修课学分计入总学分。跨校选课是我国高校开展校际学分互认的主要形式之一，此类协作组织的代表有北京学院路地区高校教学共同体、上海市东北片普通高校合作办学组织等。除了开展跨校选课外，有些协作组织还提供跨校辅修专业供学生选择。第二，校际学生交流。校际学生交流也是我国高等教育学分互认的主要形式，指根据学生的发展水平与意愿选派本校学生到对方学校或接受对方学校选派的学生来本校交流学习，并相互认可学生选修的课程、成绩和学分。学生校际交流学习的时间一般为一学期或一学年。校际学生交流形式的学分互认一般要基于高校间签订的校际交流与合作协议，以保障学生所修学分能够获得认可。这种人才培养模式既有利于高校进行优势互补、资源共享，又有利于拓宽学生视野、丰富学生阅历、促进人才流动。校际学生交流与跨校选课不一样，前者是学生到非在籍校学习，必须在交流期间驻留非在籍校，其表述一般以时间为计量单位，如交流半年或一年；后者是学生选修非在籍校的课程，不要求学生在学习期间驻留非在籍校，其表述一般以课程为计量单位，如选修一门课或多门课程。第三，课程免修。课程免修指学生在修读专业教学计划中的某门课程之前，由于已经修习过相关课程或取得过相关证书，表明其已经具备课程目标中预期的知识和能力，因此不再重复学习即可获得学分。与前面两类学分转换形式不同的是，课程免修通常是由于学生在就读前已取得了某些学习成果，而不是在就读期间在外校学习课程。

2. 学习成果认证、积累和转换的研究与实践

学习成果认证、积累和转换的实践探索在我国教育领域尤其是高等教育领域较多，积累了一些宝贵的经验。在继续教育领域中，相关的实践与研究十分活跃。为贯彻落实《国家中长期教育改革和发展规划纲要(2010—2020年)》的战略部署，进一步探索建立继续教育不同类型的学习成果认证、积累和转换的制度与机制，搭建人才成长立交桥，各级教育行政部门、不同地区和办学服务机构开展了一系列研究与实践，探索继续教育学习成果认证、积累和转换的理论基础与实施机制，探索学分银行的管理和运行机制，较具代表性的有"国家继续教育学习成果认证、积累与转换制度的研究与实践"项目、"高等学校继续教育课程学分标准及质量内涵和学分转移制度与机制的研究及应用"项目、上海市终身教育学分银行、江苏省终身教育学分银行等，这些研究和实践的成果成为我国继续教育学习成果认证、积累与转换的理论基础和实践支撑。

3. 北京市的实践

2004年，北京市西城区启动了"市民终身学习积分卡"项目，凡参加西城区文明市民学校总校以及各委、办、局、社区学院、街道文明市民学校举办的有明确教学计划的学习，或参加具有办学资格的教育机构的学习培训的西城区居民，均可在市民终身学习积分卡中累计学分。在此基础上，2011年4月，北京市西城区市民终身学习成果认证中心正式揭牌成立，西城区居民在区域内参加普通教育、职业教育和继续教育所获得的学分都可以积累在个人账户，可以获得如学习费用减免、升学就业和社区服务优先、商品和服务优惠等相应奖励，不同类型的学习成果之间也可以互认和衔接。

2010年，北京市丰台区开阳里第四社区推出学分银行计划，并制定了《学分银行计分办法》，辖区居民可将在各类学习或比赛中获得的学分存入自己的个人账户，并可根据学分情况领取各类奖品。社区学分银行的课程设置以提升居民综合素质为主导方向，居民可以家庭或个人身份报名学习，其中国家政策、社会热点等理论课及广播体操等体育锻炼课为必修课，合唱、舞蹈、绘画、手工制作等为选修课。

2006年，北京市教育委员会批准"成人高等职业教育学分银行计划"项目立项，由北京市总工会职工大学牵头实施。该项目以企业生产一线职工为培养对象，以贴近企业需求、贴近岗位需求、贴近职工自身需求为宗旨，以适应首都经济发展、建设学习型城市、构建终身教育体系为目标，以建立开放式成人高等职业教育为主线，全面推行校企合作框架内的新型人才培养模式。该项目经过多年的研究与实践，初步建成了学分转换体系，构建了包含课程标准子系统、学分积累子系统、学分转换子系统、学分诚信子系统的学分转换体系和相关制度，实现了学历教育之间、学历教育与非学历培训之间成果的相互认证和衔接。参与的企业有中国石化北京燕山石化分公司、北京燃气集团有限责任公司、北京现代汽车有限公司、北汽福田汽车股份有限公司、北京市首都公路发展集团有限公司、北京燕京啤酒股份有限公司、北京金隅集团有限责任公司等，共开设化工工艺、汽车制造与装配技术、城市燃气工程技术等13个专业。

4. 上海市的实践

上海市终身教育学分银行在上海市学习型社会建设与终身教育促进委员会的指导下，由上海市教委领导，依托上海开放大学建设和运作，是服务上海市民，面向学历教育、职业培训和文化休闲教育等继续教育领域，以继续教育学分认定、学分累积和学分转换为主要功能的学习成果管理与服务体系，2011年开始筹建，2012年7月24日正式揭牌成立并开始运行。

上海市终身教育学分银行管理中心设在上海开放大学，同时在上海市17个区县设立了21个分部，为学习者办理开户、学习成果存入、学分认定等业务，并开展学分银行宣传咨询服务。

高校网点是上海市终身教育学分银行组织体系的重要组成部分，是高校面向本校学生的学分银行业务受理处，分布在普通高等学校和独立设置的成人高校等机构。截至目前，已有复旦大学、同济大学、上海交通大学等53所普通高校，上海市长宁区业余大学、上海市黄浦区业余大学、上海市经济管理干部学院等15所独立设置的成人高校，以及上海市自学考试办公室的加入。各网点都制定了各校(机构)学分转换的有关规定，并在学分银行信息化平台上公布，受理学习者学分转换申请，按各校学分转换规定办理学分转换。

上海市终身教育学分银行管理中心发布了《上海市终身教育学分银行学习成果认定、积累与转换办法(试行)》《上海市终身教育学分银行学习者用户操作手册》《上海开放大学学分转换系统用户操作手册》等规则制度与操作说明文件。学分银行管理中心与上海教育软件发展有限公司合作建立了信息化平台运行维护的快速响应机制和学分银行信息化平台运行管理制度，制定了包括问题受理、问题处理、结果反馈和情况总结的工作流程，并与上海远程教育呼叫中心一起，建立了学分银行咨询投诉接待受理制度。

《上海市终身教育学分银行学习成果认定、积累与转换办法(试行)》是最为基础且十分重要的规章制度，该办法对学习成果认定的范围与程序、学习成果的积累和转换等进行了详细规定。根据该办法，学习者接受学历教育、职业培训和文化休闲教育的学习成果经认定后可以存入学分银行，学分银行会为学习者建立以身份证号为基本信息的学分银行账户和个人学习档案，并积累学习者存入的学分；学分银行中积累的通过学历教育、职业培训和文化休闲教育三类学习所获得的学分，可按规定在同类学习成果之间、部分职业培训学习成果与学历教育学分之间进行转换。

根据上海市终身教育学分银行公布的数据，其共发布了609门学历教育课程的目录，给出了课程与专业的对应关系、职业培训等证书与课程学分认定的对应关系和课程简介等信息，为学分银行高校网点制定学分转换规则和学习者申请学分转换提供了指导与参考。其提供的培训证书目录对723种培训证书所对应的学分银行课程和高校课程进行了详细规定，以中国物流与采购联合会物流师证书为例，其所对应的学分银行课程是“第三方物流管理”，所对应的上海商学院继续教育学院物流管理专业的课程是“采贩与供应链管理”，如果一个学习者获得了这一证书，他在读上海商学院继续教育学院的物流管理专业时，就可以根据该校所制定的学分转换规则将这一证书转换成“采购与供应链管理”课程的学分。学分银行公布了3119门文化休闲教育课程，学习者可以到课程开设单位学习，取得的学分由各区县社区教育学院、老年大学统一存入学分银行，学分是奖励市民终身学习的依据。

5. 江苏省的实践

江苏省终身教育学分银行于2014年正式试行，是面向江苏居民的提供个性化终身学习服务的学分管理服务机构，是为学习者提供学分认定、积累和转换以及学习咨询、学分查询、出具学分证明等学习成果管理与服务的信息化公共服务平台。江苏省教育厅成立学分银行管理委员会，下设管理委员会办公室；管理委员会委托江苏开放大学负责学分银行的日常运行与维护工作，江苏开放大学也成立了学分银行管理中心。

2013年，江苏省教育厅制定颁布了《江苏省终身教育学分银行管理办法(试行)》，该办法规定学习者取得国家认定的普通高校或成人高校学籍后，在校学习期间获得的课程学分、学习者通过高等教育自学考试获得的课程学分以及在其他高等学历教育机构获得的课程学分，经学分银行认定后可被记录为对应的学历教育课程学分。学习者所获得的国家级和省级水平测试类有关职业资格证书、行业岗位证书，国家级和省级考试颁发的有关专业技能等级证书，与有关专业技术职务任职资格对应的国家级和省级考试科目合格证书，国家级和省级有关从业资格证书，国际通用的水平测试类有关考试的成绩证明，以及经学分银行专家委员会认定的其他非学历继续教育学习成果，这些证书和成绩证明所涉及的课程学分可经专家委员会认定并转换为学分银行相关学历教育对应的课程学分。

江苏开放大学发布了《江苏开放大学(江苏城市职业学院)学习成果转换暂行规定》《职业资格证书认定规则》《非学历教育专项能力等级证书认定规则(专科专业)》等，并引入《"江苏学习在线"学分认定试行办法》，从而建立起了相对完整的学分认定与转换的标准体系。

以江苏开放大学发布的《江苏开放大学(江苏城市职业学院)学习成果转换暂行规定》为例，该文件对部分公共基础课学分转换的总体原则、转换条件、转换程序、审批与管理做出了详细的规定，规定通过学习成果转换取得的课程学分总数不能超过申请专业毕业最低总学分数的50%。经学分银行认可的学分，学习者可以据此向江苏开放大学、省内各普通高校、成人高校、自学考试机构以及资格证书颁发机构申请毕业证书、学位证书或课程证书，具体办法和标准由各学校和单位制定。

6. 高校对于MOOCs学分的认定

《教育部关于加强高等学校在线开放课程建设应用与管理的意见》要求"推进在线开放课程学分认定和学分管理制度创新""在保证教学质量的前提下，鼓励高校开展在线学习、在线学习与课堂教学相结合等多种方式的学分认定、学分转换和学习过程认定""探索建立高校内部或高校之间具备考核标准的在线学习认证和学分认定机制，积极探索并推进在线开放课程的应用，加强课程选用管理及学分管理，确保教学应用质量”。

MOOCs推动的教育组织模式、服务模式的创新已有目共睹，MOOCs变革高等教育潜力的发挥关键在于MOOCs的学习成果及学分能够得到多大程度的认可。在关于高等教育机构对MOOCs学分的认定的调查中，来自41所高校的59名受访者中，有22人选择“不认定”选项，占全部的37.3%，占比首位；有13人选择“只认定指定MOOCs平台上的课程”，占22.0%；选择“只认定本校MOOCs平台上的课程”和“认定加入相关MOOCs联盟内的课程”的都是10人，各占全部受访者的16.9%；而只有4人选择了开放程度最高的“认定不同平台上的指定课程”，仅占6.8%(如图12-1所示)。调查结果充分体现出高校在认定MOOCs学分时所持有的谨慎态度。

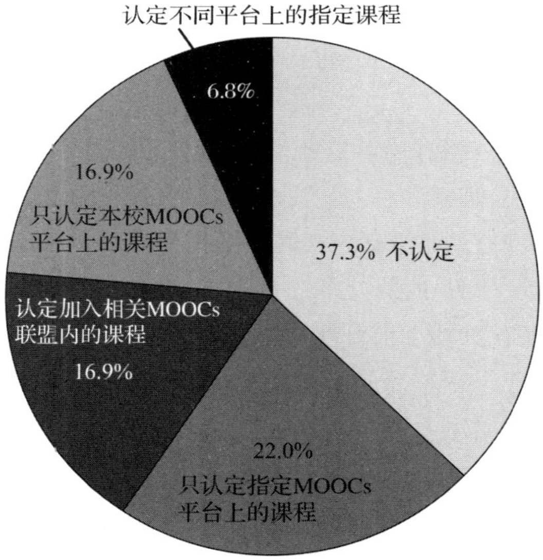

图12-1 对MOOCs学分的认定情况

以上仅是我国在探索学习成果认证、积累和转换中的区域性实践，其他的实践如北京学院路地区高校教学共同体、东西部高校课程共享联盟等也以联盟协议的方式进行了相关探索，丰富了我国学习成果认证、积累和转换的实践探索经验。《教育部2019年工作要点》在“办好继续教育”中提出，要做好继续教育学习成果认证、积累与转换试点总结，推动开展国家资历框架研究。应该说，无论是管理者、办学机构还是学习者都迫切希望开展学习成果认证、积累与转换，这是构建终身教育体系的重要制度保障。但分析这些已有的实践探索不难看出，这些实践探索局限在某一地区、某一类学校或某一教育领域，是有限的学分认证、积累和转换，不仅积累与转换的范围与程度有限，而且对能够被认证、积累与转换的学习的成果形式也有多种限制，离各级各类教育纵向衔接、横向沟通的目标还有很大距离。而造成这一困境的原因在于我国没有建立国家资历框架制度，资历框架这一基础制度的缺失使我国学习成果的认证、积累与转换制度缺乏基础制度的支撑，使我国相关实践探索只能局限于某一地区、单一领域或系统内部，这已成为我国构建终身教育体系、建设学习型社会最大的制度性瓶颈，限制了学习成果认证、积累与转换的全国性互通。

第十三章　MOOCs学习评价研究

在信息化社会中，互联网对教育领域产生了巨大影响。随着技术和理念的革新，各种新型教学方式层出不穷，影响着人们的学习方式。2012年由MOOCs引发的数字海啸席卷了全球，哈佛大学、麻省理工学院、斯坦福大学、耶鲁大学等顶尖大学纷纷加入MOOCs建设行列。2013年，中国教育部和各高校积极投身于MOOCs建设实践中。各大高校的MOOCs如雨后春笋般蓬勃发展。清华大学牵头建设的学堂在线、5所交通大学共建的ewant、爱课程携手网易云课堂打造的中国大学MOOC等平台纷纷涌现，形成了群雄逐鹿的局面。MOOCs作为新型在线开放课程在世界范围内迅速兴起，对在线教育及传统教育产生了强烈的冲击。但一些挑战也随之而来，尤其在MOOCs学习评价的实施上，传统的以教师为主体的评价模式已经不能适应MOOCs的学习过程，如何对大规模学习者的学习进行科学评价成为新的问题。

2015年4月，《教育部关于加强高等学校在线开放课程建设应用与管理的意见》明确指出要“建设适合网络传播和教学活动的内容质量高、教学效果好的在线开放课程”。为保证在线开放课程的质量，必须有与之相对应的评价机制，没有相应的评价机制就难以评判真正意义上的网络学习。从某种程度上说，学习评价是在线学习的关键和核心，其在检验学习者的学习成效的同时也帮助教师把握整体课程的学习状态，是MOOCs学习中必不可少的一环。

学习评价，顾名思义，主要指对学生学习状况的测量与评估，即基于学生的学习过程和结果进行事实把握和价值判断。已有研究从不同角度对MOOCs的学习评价进行了调查。一些研究者调查分析了MOOCs学习评价的方式，如阿密特·乔汉(Amit Chauhan)分析了新技术支持下的学习评价案例，包括学习分析技术、个人学习网络、数字徽章等如何支持学习评价。[①] 帕帕索玛(Tina Papathoma)等人通过观察和访谈收集了12名学习者对 MOOCs 学习评价的看法，发现学习者认可同伴互评的方式，但自动化评价是最受欢迎的评价方式。[②] 王宏艳等人结合自身在 Coursera、Udacity 等平台上学习优质 MOOCs 的体验对 MOOCs 教学评价加以探究，认为 MOOCs 具有多元、开放、人性化三大特征。[③] 郑志高等人对 Coursera、edX 和 Udacity 三个平台上 349 门课程的学习评价方式进行了调查分析。大部分学者特别关注 MOOCs 环境中同伴互评的可行性与可靠性，探索不同的方法来提高同伴互评的精确性，其中一些学者尝试通过构建统计模型来评估和校正评价过程中的偏差。还有学者对评价量规进行了设计和应用，发现在同伴互评的过程中提供指导能有效提升评价效果。[④]

综合国内外近阶段的研究可以发现，目前关于 MOOCs 学习评价的研究以国外研究居多，其对学习评价的研究更为具体和深入，而国内相关研究整体较少，且主要以国外 MOOCs 平台为研究对象，缺少对我国本土 MOOCs 平台的学习评价进行全面分析的研究，有关我国教师对 MOOCs 学习评价的理解的信息缺失，导致相应的改进建议就很难摆脱盲目性，由此可以看出全面系统地研究我国 MOOCs 的学习评价现状有着非常重大的意义。目前国内 MOOCs 的学习评价在评价方式、评价类型和数量、评价主体方面的整体状况是怎样的？不同平台之间和不同课程之间有什么异同？这些都是值得我们探究的。本章通过借鉴已有研究，根据国内的 MOOCs 平台及其课程的情况，对不同类别课程和不同平台的学习

---

① Amit Chauhan, "Massive Open Online Courses (MOOCs): Emerging Tre nds in Assessment and Accreditation," *Digital Education Review*, 2014(1), pp. 7-19.

② Tina Papathoma, Canan Blake, Doug Clow, et al, "Investigating learners' views of assessment types in massive open online courses (MOOCs)," Design for Teaching and Learnng in a Networked World, Toledo, 2015.

③ 王宏艳、阮士桂、张志辉：《大数据背景下 MOOC 教学评价的特征分析》，载《中小学电教》，2015(10)。

④ 郑志高、张立国、张春荣：《xMOOC 的学习评价方法调查研究》，载《中国电化教育》，2014(11)。

评价进行分析，针对评价方式、评价类型和数量、评价主体等方面进行对比分析，以期为我国MOOCs学习评价提供有意义的启示和借鉴。

本章以国内主要的14个MOOCs平台中明确给出评价方式的663门课程为研究对象，调查其采用的评价方式的类型和数量以及评价主体。调查发现，本研究样本中的学习评价方式包括单元测验、单元作业、线下考试、期中考试、期末考试、期末大作业、随堂小测试、参与讨论频次、课件浏览次数、课堂参与度调查，共10种。根据以往研究者的分类，以上评价方式可以分为两类：总结性评价(期末考试、期末大作业及线下考试)和过程性评价(单元测验、单元作业、期中考试、随堂小测试、参与讨论频次、课件浏览次数、课堂参与度调查)。同时，在663门课程中明确给出不同评价类型的比例分配的有624门课程，占94.1%；只说明评价方式未给出比例分配说明的有39门，占5.9%。

一、MOOCs学习评价对比分析

1. 总体情况分析

(1) MOOCs评价方式分析

我们对样本所采用的评价方式进行了统计，发现可以将课程分为三种类型：只采用总结性评价、只采用过程性评价及两者结合的评价。其中采用两者结合的评价的课程数量最多，共517门，占78.0%；其次是只采用过程性评价的课程，有119门，占17.9%；只采用总结性评价的课程数量最少，仅有27门课程，占4.1%。

我们进一步对样本采用的评价方式的数量进行了统计，结果发现绝大多数课程都采取了两种以上的评价方式。样本中仅有54门课程只采用了1种评价方式，占8.1%；采用3种评价方式的课程最多，有274门，占总体课程数量的41.3%；采用3种以上评价方式的课程共165门课程，占24.9%。

在所有评价方式中，单元测验是使用最多的评价方式(494门课程，占74.5%)，其次是期末考试(451门课程，占68.0%)，排第三的是参与讨论频次(407门课程，占61.4%)。属于总结性评价的期末大作业与线下考试这两种普通高校传统评价方式在MOOCs中较少被采用。在过程性评价类型中，除单元测验和参与讨论频次外，单元作业也是经常采用的一种评价方式(245门课程，占37.0%)。采用期中考试、课件浏览次数、随堂小测试和课堂参与度调查的课程较少，均不超过20%。

(2)MOOCs评价主体分析

我们对研究样本的学习评价主体也进行了统计，发现样本中有553门课程说明了评价主体，占83.4%。评价主体分为机器、同伴和教师三种类型。其中采用机器自评的课程数量最多，为501门，占说明评价主体的553门课程的90.6%；实施同伴互评的课程有156门，占28.2%；采用教师评价的课程最少，仅有40门，占7.2%。数据表明，只采用1种评价主体的课程最多(426门)，占77.0%；两种评价主体结合使用的课程数为110门，占19.9%；3种评价主体均有的课程最少，仅有17门，占3.1%。由此可见，目前我国MOOCs以单主体评价为主。

2. 课程层次分析

一般来说，根据学习对象，课程可以分为中学、本科、研究生、职业教育和通用课程5个层次。在本样本中，本科课程最多，有373门，占总样本的56.3%；通用课程为249门，占总样本的37.6%；中学课程(6门，占0.9%)、研究生课程(6门，占0.9%)和职业教育课程(29门，占4.4%)数量较少。我们对不同层次的MOOCs的评价方式进行了分析，结果发现：无论在哪个课程层次，同时采用两种及以上评价方式的课程占绝大多数，以3种为最多，而只采用1种评价方式的课程极少。

样本中本科课程和通用课程占主体，这两个层次课程的评价方式也最为全面。本科课程中，较多采用的4种评价方式分别是期末考试(282门，占本科课程总数的75.6%)、单元测验(236门，占63.3%)、参与讨论频次(206门，占55.2%)和单元作业(132门，占35.4%)。值得注意的是，在本科课程中，采用随堂小测试的课程数量明显高于其他4个层次。通用课程中，使用最多的评价方式是单元测验(197门，占通用课程总数的79.1%)和参与讨论频次(149门，占59.8%)，之后是期末考试(143门，占57.4%)。职业教育课程以过程性评价为主，其主要采用参与讨论频次(25门，占职业教育课程总数的86.2%)和单元测验(22门，占

75.9%)两种评价方式。

通过对不同层次课程的评价主体进行分析可知，不同层次课程在评价主体的选择上既有共同点也有差异。共同点是各层次课程的评价主体均以机器为主，尤其是研究生课程，多采用单一的机器自评。差异主要体现在教师评价和同伴互评方面。中学课程除机器自评外，主要以教师为主体进行学习评价，没有同伴互评；而其他层次的课程正好相反，同伴评价所占的比例要显著高于教师评价所占的比例。

3. 学科类别分析

在样本中的课程按照学科类别可分为哲学、经济学、法学、教育学、文学、历史学、理学、工学、农学、医学、军事学、管理学、艺术 13 类。其中理学(202 门，30.5%)和工学(126 门，19.0%)课程共占样本的 49.5%，医学(67 门，10.1%)、艺术(57 门，8.6%)和文学(56 门，8.4%)的课程数量居中。农学类课程仅有 2 门，均以期末大作业为评价方式；军事学仅有的 1 门课程采用了参与讨论频次与期末大作业相结合的评价方式；由于这两类学科的课程数量太少，在以下分析中不再加以说明。

(1)不同学科类别 MOOCs 评价方式的类型和数量分析

总体来说，各学科较常采用的 4 种评价方式是期末考试、单元测验、参与讨论频次、单元作业。其中，历史学、工学这两个学科使用最多的评价方式是期末考试，其他 9 个学科采用最多的评价方式是单元测验，比例均高于 50%。

除此之外，不同学科在其他评价方式的选择上有所差异。法学、医学的 MOOCs 很注重学习者浏览课件的状况，以此来评估学习者的学习参与度，采用此评价方式的比例明显高于其他学科。相比较而言，经济学课程中采用参与讨论频次、单元作业、课件浏览次数的比例在与其他学科相比均为最低。随堂小测试、课堂参与度调查两种评价方式仅在少数学科中有所应用，且比例均低于 5%。

(2)不同学科类别 MOOCs 评价主体分析

不同学科类别的 MOOCs 采用机器自评的比例均高于 75%，其中哲学和历史学的全部课程都选择了机器自评，工学、理学课程采用机器自评的比例分别是96.0%和91.6%。

在所有学科类别中，以教师为主体进行学习评价的比例均低于同伴互评。其中历史学采用同伴互评的比例最高，有7门课程，占80%；其次是法学(占60%)、教育学(占45%)。

4. 典型平台分析

(1)典型平台评价方式比较

为了更深入分析目前MOOCs评价方式的现状，我们对具有代表性的中国大学MOOC、ewant、智慧树、学堂在线、好大学在线平台上课程的评价方式进行了进一步分析。

结果表明，学堂在线和中国大学MOOC是采用评价方式类型较多的平台，包括9种类型；其次是好大学在线和ewant，有8种类型；智慧树平台采用的评价方式类型最少，只有4种。

另外，各平台选择的评价方式有共同点也有差异。智慧树、中国大学MOOC、学堂在线最常采用的评价方式是期末考试、单元测验与参与讨论频次，ewant平台主要采用单元测验和期末考试两种评价方式，参与讨论频次没有被作为重要的评价方式。值得注意的是，学堂在线采用随堂小测试的课程的比例显著高于其他4个平台，ewant上采用期末大作业的比例明显高于其他4个平台。

相比较而言，好大学在线平台在评价方式的设计上独具一格，有以下几个区别于其他平台的显著特征：一是与其他4个平台以期末考试为主的情况相反，好大学在线平台采用期末考试的比例很低，仅占平台课程的3.2%；二是线下考试占了很大的比例(占该平台课程的58.7%)，这也与其他4个平台截然相反，其他4个平台中，除了智慧树平台仅有1.9%的课程采用了线下考试外，其余3个平台都没有采用此评价方式；三是与其他平台相比，好大学在线平台更重视过程性评价，采用单元作业、单元测验、课件浏览次数和参与讨论频次等的比例均显著高于其他4个平台。

(2)典型平台评价方式类型的数量比较

我们进一步比较了5个平台MOOCs采用的评价方式类型的数量。好大学在线采用的评价类型最多，使用3种以上评价方式的课程比例为

57.1%，仅采用1种评价方式的课程占比最低（1.6%）。其余4个平台中使用3种评价方式的课程所占比例最高，均高于35%，其中以智慧树（61.0%）为最高。进一步分析可发现，智慧树平台上采用3种评价方式相结合的课程中，全部都采用的是期末考试、单元测验、参与讨论频次相结合的评价。

(3)典型平台评价主体比较

整体来说，各平台采用最多的是机器自评，其次是同伴互评，最少的是教师评价。不同平台在评价主体的选择上各有偏好。与其他4个平台相比，好大学在线采用机器自评的课程比例最低(76.9%)，采用同伴互评(75.4%)和教师评价(21.5%)两种人工评价的课程比例显著高于其他4个平台。智慧树平台的课程均采用机器自评，没有选择任何一种人工评价方式。

随着技术和方法的进步，大多数MOOCs平台都能实现对学生学习过程数据的记录，实时地为学习评价提供重要依据。因此，我们对典型平台在学习过程数据上的评价状况也进行了分析。5个平台都建立了练习和测试系统，支持学生互评功能，支持课程成绩设定及学习成绩自动统计。除ewant之外的4个平台均可视化呈现了学习者的学习过程信息，中国大学MOOC提供了学习进度信息；学堂在线记录并显示课程进度及学习者测试题的得分情况；好大学在线提供了学习者每周学习时长与人均学习时长的对比、个人练习得分及班级平均得分情况，便于学习者了解其他同伴的学习情况并知晓自己所处的学习状态；智慧树通过统计图呈现了学习者的进度及个人测试成绩。但总体来看，各平台并没有完整收集学习过程中的重要信息，相关信息的可视化呈现较少。

二、MOOCs学习评价状况讨论

1. 评价设计的总体水平较低，期末考试、单元测验和参与讨论频次是最常采用的评价方式

通过对有评价说明的663门课程的分析我们发现，我国MOOCs学习评价的主流趋势是总结性评价与过程性评价相结合，采用更加偏重考试和测验的评价方式，形式较为简单，这与我国MOOCs偏重行为主义的教学设计现状相符。值得注意的是，参与讨论频次这一评价方式在MOOCs学习评价中应用广泛，这说明MOOCs教师重视学习者之间的互动，评价学习者的交互可促进他们的主动参与，实现同伴间的知识共享、共同成长，同时讨论内容也是教师了解学习者学习状态的一个重要依据。然而，课堂参与度调查、课件浏览次数和随堂小测试这3种方式只在不到15%的课程中得到应用，从侧面反映出我国MOOCs对学习者的过程性学习行为关注不够，随堂小测试的缺失也会导致教学人员无法诊断学习者在视频学习中遇到的问题。

学习评价应考虑不同的情境，运用多种不同方式，从多个角度进行综合分析和判断。我国MOOCs整体的学习评价方式类型趋向于多元化，67%的课程选择了3种及以上的评价方式。但整体课程的学习评价主体仍显得较为单一，限于MOOCs的大规模、开放的特征，大多评价是基于客观题的，由机器开展(90.8%)。这可能会导致学习者与教师、学习同伴之间的交互处于较低迷的状态，学习者会在学习过程中感受到孤独与焦虑。调查结果显示，国内MOOCs开始运用同伴互评这一重要评价方式，但并不广泛(28.2%)，仍在探索中。相较于国内，虽然国外对同伴互评的效果有所争议，但Coursera、edX等平台广泛采用了同伴互评策略。另外，面对数量巨大的学习者，MOOCs教师无法也不再适合作为主要的评价主体，调查显示只有极少数课程采用了教师评价(3%)。其实教师和学生的双向交互是促进有效教学的重要环节，教师可以通过作业的集中反馈、答疑等方式来与学习者进行良好的互动。

2. 各学科类别最常采用机器自评，人文社科领域更关注同伴互评

在不同学科类别的课程中，采用最多的评价方式仍旧是单元测验、参与讨论频次与期末考试。调查发现，由于平台支持的评价方式都是固定的类别，各学科类别可选择的评价方式并无差异。如果要实现具有学科特色的学习评价，就必须完善平台功能，使教师能根据学科内容灵活选择适合的评价方式。

在评价主体的选择上，历史学、法学更注重同伴互评和教师评价，而工学和理学在同伴互评和教师评价上相对较弱，这与edX平台上

MOOCs 的学习评价情况一致。究其原因，自然科学领域侧重于考察学习者对客观知识的掌握，而人文社科领域更关注学习者的观念、想法，注重培养学生的分析能力、问题解决能力及创新能力，主要选择主观题对学习者进行评价，因此人文科学及社会科学领域课程更多利用同伴互评，让学习者对同伴的作业答案进行评价并提供反馈。

3. 本科层次和通用层次课程占据课程主体，评价形式表现不一

在中学、本科、研究生、职业教育和通用课程 5 个层次的课程中，本科层次和通用层次课程采用更为全面的评价方式。尽管这两个层次的课程较常用的 3 种评价方式都是参与讨论频次、单元测验和期末考试，但本科课程更注重期末考试，注重课程整体学习状况的评估，而通用课程更关注参与讨论频次、课件浏览次数等，注重学习者在线学习的参与度。这个现象和两个层次课程的学习目标相一致。研究生课程和中学生课程较少，类型单一，有待进一步发现学习者需求，开设更多课程。

4. 不同平台采用的评价方式差异较大

对 5 个典型平台的学习评价方式进行分析后我们发现，各平台在评价方式与评价主体的选择上都各具特色，无统一标准，这反映了各平台建设的差异性。好大学在线充分利用了线下考试，同时也重视课件浏览次数等行为数据，体现出教学探索的意味。这主要是因为好大学在线深化了翻转课堂的教学模式，而翻转课堂师生见面的便利性在评价中得到充分应用，使线下考试的比例非常高。智慧树与其他 MOOCs 平台相比，一个明显的不足为评价方式相对单调，平台仅支持 4 种评价方式，更注重结果性评价，评价主体均为机器。

三、MOOCs 学习评价改进建议

学习评价作为保障学习质量和学习效果的重要措施，是 MOOCs 教学过程中不可或缺的要素，本章通过调研国内 MOOCs 学习评价实践的现状，对 MOOCs 学习评价状况进行了整体分析，以下将从评价理念、评价机制、实践应用等方面对 MOOCs 的学习评价改进提出建议。

1. 以学习目标为灯塔，创新学习评价理念

作为一种新型在线学习模式，MOOCs 以其大规模、开放、优质、创新等优势吸引了众多学习者，同时也不可避免地出现了一系列问题，如通过率低、学生参与度不足、师生互动缺乏等。MOOCs的学习评价对于了解MOOCs学习者的学习需求与状态、调整教学过程、提升教学质量均有重要意义。从实践效果看，由于教学方式的不同，传统学习评价在应用于MOOCs时产生了相应的变化，但从本质上看，大量MOOCs对学习者的学习评价仍偏重于采用考试、测验等评价方式，停留在通过试题分析发现学生的认知问题，通过作业给予学生反馈并提供学习指导的阶段。学习者会把努力集中在他们所认为的会被测试的内容或技能上。学习评价不仅对学生的学习内容、时长有影响，对学习方式、结果也会产生影响。现有MOOCs评价模式呈现出的单一化特征，会导致课程在维持学习者的学习动机、引发学习者积极投入、提升学习者高阶思维能力等方面存在缺陷，反映了课程设计阶段对课程学科特点、学习目标与学习过程监控的忽视。

因此，现阶段MOOCs学习评价理念应当有所突破。在线课程设定的学习目标不仅是学生对知识的简单掌握，更希望学生多方面的发展，包括学生在学习过程中的收集处理信息能力、交流合作能力、投入程度、情感态度等。所以评价内容的设定应以实现课程的学习目标为原则，全面考虑学生各方面的成长变化。另外，虽然目前我国MOOCs以行为主义理论指导下的xMOOCs为主，但在线课程的学习不可能仅依赖于其一种学习理论，更多是在多种学习理论指导下的学习。虽然某些课程没有明显的社会建构和知识创新特征的设计，但它们可以在讨论区形成强交互的潜在联通。课程设计者在遵循“学习目标—学习评价”的基础上，应当突破现有的基于行为主义和认知主义的MOOCs学习评价设计，关注学习者在异步交互中形成的知识建构，且不停留在交互数量的评价上，要尝试对在线学习中的交互质量进行评价，这是使MOOCs学习评价真正实现有效改进远程教育与网络教育的关键所在。

2. 重视同伴互评，设计有效的评价机制

MOOCs的大规模和教师精力的有限性决定了MOOCs教师不再适合作为学习评价的主体，MOOCs将学生这一主体元素引入学习评价，将评价作为学习任务，把课程学习与评价有机统一起来，这对于发展学习者的评价能力、促进其成为主动的学习者十分重要。虽然相较于人工反馈，MOOCs 学习者更愿意接受机器评价，但以往研究调查发现 MOOCs 学习者也表现出与同伴交流的强烈意愿，并认同 MOOCs 中同伴互评的策略，认为这种评价方式可以促进其理解，减少孤独感。通过同伴互评，学习者不仅能够获得改进其学习的具体建议和支持，而且能够从中获得有力的情感支持，激励他们持续投入学习，因此设计有效的同伴互评机制对于引导学习者参与学习、增强学习动机有重要的作用。

由前文分析可知，虽然我国大部分 MOOCs 平台已着力研究同伴互评，但对同伴互评的应用才刚刚开始，整体仍处于一个较低水平。一个主要原因是开设 MOOCs 的教师大多是传统高校的教师，缺乏充足的在线课程设计经验，更倾向于关注教学内容与测试的设计，而忽视同伴互评这一重要的创新性评价方法。因此，MOOCs 教师应当转变观念，借鉴传统教育环境中的同伴互评，在 MOOCs 中应用并不断完善在线同伴互评，评价学习者在复杂环境中的问题解决能力、创新能力。目前国内外的同伴互评大多采用由 3～5 个学习者共同给一份作业打分的方式，在此基础上，教学设计师可以通过多种方法来确保同伴互评的有效性，如为不同背景的学习者搭建“脚手架”，给出明确可实施的评价标准，或者提供专家评分的样例，通过样例使学习者校正自己对评分规则的理解。

3. 推进学习分析的实践应用，完善基于过程的学习评价

MOOCs 不受时空限制、灵活的特点吸引了广泛的受众，根据学习动机的不同，学习者可被分为以兴趣为导向的学习者、以充实个人内涵为目的的学习者、以促进职业发展为目的的学习者等。目前国内 MOOCs 多将传统学习评价迁移到在线环境中，单纯地面向学习结果，无法实现因材施教的个性化评价，难以从根本上维持学习者的学习动机，激发其内在驱动力。学习分析技术的出现为个性化学习评价提供了可能，通过数据清洗、数据挖掘、数据建模等技术处理学习者在线学习的过程数据，从而对个体学习者的学习过程进行评价、追踪、预测和干预，以了解学习者的个体差异。这种评价的主要功能是对学生的学习过程进行实时的监控与引导，有效激励学习者参与学习过程，同时为教师进行及时有效的学习干预和支持提供依据。此外，将学习过程中的参与情况纳入评价框架，可以有效突破以往仅将期末考试、作业、测试作为评价依据的局限，改善总结性评价的片面性问题。

目前国内MOOCs平台虽将学习分析融入学习评价，但这方面的实践才刚刚开始，收集到的评价依据并不完整，缺乏对相关过程与结果数据的深入分析，导致MOOCs无法实现真正的、全面的过程性评价。因此，在学习者学习过程的评价方面，课程设计者需要构建全面衡量学习质量的综合评价模型，以教学目标为基准线，从言语信息、认知策略、态度等维度，综合形成科学、可操作的评价目标体系，通过更加立体和多元化的评价数据为教师进行有效的教学干预提供支持。

第十四章　中国 MOOCs 建设与发展建议

MOOCs 在中国的传播、建设与发展使在线教育第一次真正受到高校的重视，许多高校开始以各种方式、途径发展 MOOCs，并通过 MOOCs 推动教育教学改革。MOOCs 被寄予了改革的希望，并在实践中得到探索。《教育部关于加强高等学校在线开放课程建设应用与管理的意见》于 2015 年发布，引导我国在线开放课程和平台的建设，促进课程应用。在教育部 2016 年发布的《关于中央部门所属高校深化教育教学改革的指导意见》中，明确提出了着力推进信息技术与教育教学的深度融合，建设一批以大规模在线开放课程为代表、课程应用与教学服务相融通的优质在线开放课程。相较于之前国家精品课程侧重评审的特点，MOOCs 的建设更加指向应用，而且在应用的过程中承载着人们推动教育变革的期望。那么，背负双重使命的 MOOCs 应该如何建设与发展？

“互联网＋”的提出为信息时代各行各业的改革发展提供了方向与路径，也为教育改革发展提供了新的动力。“互联网＋教育”要求突破在原有教育模式下强化既有教育教学的局限，充分利用互联网的跨界、扁平、去中心、免费、开放等特点，重新构建教育的组织服务模式，强调知识观、学习观、教育生态的变化。积极推动现代信息技术和教育的深度融合，既是当前我国教育信息化向新阶段过渡的内在要求，也是当前我国教育综合改革的必然选择。我们需清楚地认识到，深度融合阶段的教育信息化需要价值取向的变革，必须由强化完善既有的教育模式转变为推动教育的整体变革。

信息技术日新月异的发展和广泛应用使在线教育已经成为不可阻挡的潮流，MOOCs 是当前在线教育发展的全新模式，在引发教学变革的同时也在改变着教育服务模式，我们应该重视并正确对待 MOOCs，认识发展 MOOCs 对我国优质教育资源共享的意义，同时深刻认识我国国情和教育体系的特殊性，并采取有力措施推动我国 MOOCs 的发展。

一、当前我国 MOOCs 建设与发展存在的主要问题

一是在我国 MOOCs 建设中，对教学模式和支持服务的设计十分薄弱。绝大多数 MOOCs 的教学模式仍遵循行为主义学习理论，课程视频、测验、非实时讨论为最常见的学习活动类型，且大量课程存在视频组织形式单一、评价模式固化、交互水平整体偏低等显著问题。课程建设专注于课程内容的呈现，以知识为中心而不以学习者为中心，忽视了学习者的主体性，学习过程缺少实时或个性化的支持服务。更加深层的问题在于，当今社会是知识经济社会，知识更新速度越来越快，而我国 MOOCs 的课程设置十分注重知识的系统性、完整性，对综合性知识、境域化知识重视不够，认为课程是静态的，忽视了知识的变化性和课程的动态性，知识与课程的更新远远跟不上时代的发展和科学技术的进步。教学过程的行为可分为教的行为、学的行为与教学互动行为。在我国 MOOCs 的教学中，从教的行为来看，教学方法单一、教学手段陈旧的问题一直没有得到彻底解决，讲授式教学一直占据主导地位，学生在教学中基本处于被动地位，缺乏学习的主动性和创造性；从教学互动行为看，师生之间主要表现为一种“权威—依存”关系，师生之间缺乏平等民主的对话、互动、合作和交流。单一的教与学行为窄化了师生的互动空间，阻碍了 MOOCs 教学的多样性和丰富性，强化了灌输式教学，最终导致教学过程的机械化和僵化。目前针对学生的教学评价大多数是针对知识掌握程度的评价，而忽视了对学生能力和素质的评价，评价的方式也以单元测验和期末考试为主，而不太注重过程性评价。

二是 MOOCs 在引进来和走出去的过程中，没有形成完善的管理制度。国内大部分 MOOCs 是自主建设的，对国外优质课程的引进没有成为主流，而且对引进的课程没有形成完善的筛选制度，存在意识形态冲突的风险。在国外 MOOCs 平台运行的我国 MOOCs 没有形成完善的知识产

权制度，尤其没有明确意识到对学习者学习行为数据的保护。大多数高校倾向于建设本校的MOOCs，只有不到30％的高校表示会购买其他机构的MOOCs。

三是在MOOCs使用过程中，办学机构没有形成合理的管理制度，如参与教师工作量的计算、学生参加MOOCs学习所获学习成果的认证等方面，都没有清晰、合理的制度。虽然很多高校把MOOCs作为改革学校教与学的重要契机，但并没有充分认识到应推进相关管理制度的改革以契合MOOCs的发展。

四是在MOOCs管理上，国家层面相关制度的缺失限制了MOOCs本身的发展及其变革潜力的发挥。虽然2015年《教育部关于加强高等学校在线开放课程建设应用与管理的意见》出台，对我国MOOCs发展进行了引导，但这一引导性文件并没有对MOOCs的发展进行强力规范与有力促进，尤其是MOOCs建设标准与课程认证制度的缺失，使缺失质量保障的MOOCs的学习成果认证、积累和转换面临困难。

二、导致我国MOOCs发展存在问题的原因分析

我国MOOCs在快速发展的过程中所出现的一些问题，既与当前我国MOOCs发展处在初级阶段有关，又与当前我国MOOCs的政策不完善有关，还与当前我国如学习成果认证、积累和转换等基本教育政策不完善有着深刻联系。

一是虽然各级政府政策上的支持为MOOCs的发展提供了必要条件和良好发展环境，在一定程度上促进了高校的实践投入与研究热情，吸引了企业在技术和资金上的投入，但围绕MOOCs的相关制度建设滞后，尤其是对MOOCs建设、引进、使用和管理缺乏明确的制度规定和支撑，当MOOCs进入深入发展阶段、需要完善的制度支撑时，相关制度缺失的弊端就充分显露出来。

二是MOOCs本身的质量保障尤其是课程认证制度缺失。质量保障制度缺失一方面造成目前国内MOOCs良莠不齐，产生了许多不合格的课程；另一方面也造成了MOOCs学习成果之间难以进行互认、沟通，使

MOOCs 的开放性局限于内容与服务，而学习成果的开放难以实现。

三是我国没有建立基于资历框架制度的学分认证、积累和转换制度。MOOCs 引发教育革命性变革的途径之一是建立起新型学习制度，MOOCs 的学习成果进入正规教育体系是新型学习制度的重要环节。资历框架的本质是学分互认与转换的标准，是学习成果认证、积累和转换制度的基础性制度。而我国资历框架制度的缺失使我国已有的学分认证、积累和转换局限于某一地区、某一领域、某一教育类别或教育形式，MOOCs 学习成果的认证、积累和转换也受到了极大的制约。

三、加快发展我国 MOOCs 的建议

1. 完善我国 MOOCs 建设、引进、使用和管理的相关制度

针对国内 MOOCs 以自主建设为主，对国外优质课程的引进没有成为主流，而且对引进的课程没有完善的筛选制度，在国外 MOOCs 平台运行的我国 MOOCs 没有完善的知识产权保护制度，尤其对学习者学习行为数据的保护缺乏意识等问题，各级政府和教育行政部门应建立并完善我国 MOOCs 建设、引进、使用和管理的相关制度，引导各级各类办学机构积极建设 MOOCs；引导办学机构充分共建共享 MOOCs，利用已有的优质课程资源，通过升级改造来建设 MOOCs；探索制定国外 MOOCs 引入标准，注重引进国外优质 MOOCs 资源。

针对在 MOOCs 使用过程中办学机构没有形成相关清晰、合理的制度的问题，如参与教师工作量的计算、学生参加 MOOCs 学习所获学习成果的认证等方面，高校等办学机构应把 MOOCs 作为改革学校教与学的重要契机，要充分认识到应推进相关管理制度改革以契合 MOOCs 的发展。例如，应建立针对网络授课、翻转课堂中教师在线教学工作量的管理制度，否则会出现教师不愿意在学校里开展在线教学，但愿意业余兼任有偿的线上辅导教师的情况，造成教师资源的浪费，制约学校教学质量的提升。办学机构要及时完善相关制度，引导教师参与 MOOCs 建设与使用，并用于教育教学改革。

2. 尽快制定我国 MOOCs 建设标准

制定 MOOCs 建设标准是保障 MOOCs 质量的基础，也是开展学习成

果认证的基本依据。课程建设和认证是保证学习成果认证、积累、转换的重要基础，为学习成果认证、积累与转换提供基础支撑。目前我国没有制定出MOOCs建设标准，这一标准的缺失造成国内MOOCs良莠不齐，产生了许多不合格的课程。因此，国家应坚持统一性与多样性兼顾的原则，由课程认证的管理机构或委托第三方尽快制定出台我国MOOCs建设与认证的基本标准，以确保课程质量。另外，要充分考虑我国幅员辽阔、地区教育发展水平有差异的现实情况，允许各认证机构根据区域经济发展和专业发展的现实情况合理制定课程认证标准。

应健全MOOCs及其资源的技术标准、内容标准、服务标准，引导建设高质量、跨平台、多终端、强交互、易扩展的课程资源。通过对国外网络课程及MOOCs建设标准的分析，结合我国已有的国家精品课程、精品资源共享课和精品视频公开课等实践经验，从课程总体设计、课程目标、课程内容与结构、课程资源、课程教与学、学习评价等维度制定我国MOOCs的质量保障与认证标准，尤其要关注教与学、学习评价标准的建立，引导MOOCs建设更关注教学设计与实施，而不是仅仅注重资源的呈现。

唯有制定了合理、科学、相对完善的MOOCs建设标准，才能有效解决我国MOOCs建设专注于内容的呈现、学习过程缺少实时或个性化的支持服务等问题。应引导机构在建设MOOCs时更加注重教学模式和支持服务的设计，着力解决绝大多数MOOCs的教学模式仍遵循行为主义学习理论，将课程视频、测验、非实时讨论作为最主要的学习活动，且视频组织形式单一、评价模式固化、交互水平整体偏低等显著问题。

3. 完善MOOCs认证机制

我国应设立MOOCs认证管理机构，组织开展课程认证工作。管理机构可以是由政府直接管理的机构，也可以是社会第三方机构。教育部可组建直属事业单位，专门负责各类课程包括MOOCs的认证管理工作；也可以在直属高校内成立专门机构，委托其开展相关管理工作。无论是何种方式，该机构都应该接受教育部的直接领导。该管理机构的主要职能在于制定课程认证标准和认证制度，建立课程认证实施机构的标准及准入与退出机制，同时也可以承担一部分课程认证工作。

根据国际上的先进经验和我国 MOOCs 发展的实际情况，我国可建设若干区域型、专业型的课程认证第三方机构。一些机构可以针对某一地区的所有专业的所有课程进行认证（区域型认证机构），一些机构可以针对某一特定专业的课程进行认证（专业型认证机构）。这些课程认证实施机构都要经过课程认证管理机构的评估批准，但基于管办评分离的原则，这些课程认证实施机构必须保持自身的独立性。

应建立 MOOCs 的准入与退出机制。国家教育行政部门应该明确所有 MOOCs 只有通过认证才能开设，已通过认证的课程在开设一段时间后要再次参加认证，以持续推动课程建设。通过认证的 MOOCs 的注册学习者所获得的学分应该被其他机构普遍认可。

4. 积极探索我国 MOOCs 的发展模式

国际 MOOCs 发展过程中的有益探索和先进经验值得我们借鉴，在充分学习国际先进经验的基础上，我国还要结合实际国情和教育改革发展的实际，积极探索我国 MOOCs 的发展模式。

就目前来看，我国 MOOCs 建设应充分结合一流大学、一流学科建设和开放大学建设两项重大工程，积极推进我国知名高校与开放大学、广播电视大学系统的合作，充分发挥两类高校各自的优势，开发和推广优质 MOOCs。国家教育行政部门应结合一流大学、一流学科建设规划，引导所有参与一流大学、一流学科建设的高校和机构把各自的优势课程建设成 MOOCs 并向全社会开放，并把 MOOCs 建设与开放作为一流大学、一流学科建设的考核标准之一；充分发挥开放大学、广播电视大学系统的集成优势，借助其较为系统、相对成熟、比较完善的支持服务机构和手段，探索 MOOCs 学习支持服务和公共服务的运行模式。这应成为现阶段和今后一段时期我国 MOOCs 需建设与发展的重要模式。

从建立开放教育体系的角度上看，在推进教育体系向任何有意愿、有能力提供教育服务的机构和个人开放的过程中，应进一步探索并形成政府指导、高校推动、企业及个人参与的 MOOCs 协同创新发展模式。尤其在 MOOCs 平台的开发建设中，应该注重高校、资本公司、技术公司之间的合作，探索 MOOCs 的持续发展模式。

5. 分类建设我国 MOOCs 平台

平台建设是 MOOCs 发展中基础且关键的要素。目前我国 MOOCs 平台的建设主要有高校自建、校企合作、企业建立等几种模式，不同利益相关群体合作开发建设 MOOCs 平台逐渐成为主流。在平台建设中，政府或教育行政部门并没有直接主导建设倾向，而把主动权、选择权留给了高校、企业等机构。在政府大力扶持、企业深度参与的态势下，我国 MOOCs 的平台建设应做好规划，既要积极发展，又要合理有序。

MOOCs 平台的建设应该坚持分类发展的原则，通过政府购买服务的方式发展我国自主研发的 MOOCs 平台，建设若干全国性、区域性、行业性、专业性的平台，满足不同区域、不同行业、不同人群的学习需求，引导不同 MOOCs 平台的错位发展、专业发展。国家应该探索建立 MOOCs 平台的准入和退出机制，加强对 MOOCs 平台的监管，引导平台的规范发展。

中国 MOOCs 的建设与发展既要充分借鉴国际先进经验，也要结合本土需求和特色，尤其要直面我国 MOOCs 发展的挑战，对接国家“互联网＋”战略的实施，从平台、课程两个维度整体推进。在推进 MOOCs 本身的建设与发展的同时，更要关注“互联网＋”时代教育的整体变革及 MOOCs 应发挥的作用。MOOCs 的创新应用绝不应停留在对传统教育的强化、完善与问题解决上，而应以此为契机重新设计教育体系尤其是高等教育体系。MOOCs 的发展及其对教育的变革最终要走到教育制度和政策变革层面，单纯教学、课程、评价等层面的改革难以建构起信息时代的新教育体系，需要以制度的调整和政策的完善来保障并促动教育的整体变革。

四、推动 MOOCs 发展的高校战略

MOOCs 作为教育信息化的一种典型实践形式，引领了现代信息技术支撑下教育教学改革的方向，高校应抓住这一契机，努力推动学校信息化的发展并构建信息技术环境下的教育组织服务模式。

1. 应加强信息技术环境下的教育教学改革创新

MOOCs 带给我们的影响不一定是所有高校都去建设 MOOCs，但每一所高校都应该重视信息技术环境下的教与学的重新整合，探索网络环境下的人才培养模式和教学模式改革，促进信息技术与教育的深度融合。

2. 重新定位自身的职能

如果所有课程都可以借助名校的优质课程来实施，那么高校在新一轮的教育格局调整中应该扮演什么样的角色？这一问题值得深入思考。

3. 加强与其他机构的合作

高校在建设 MOOCs 过程中要加强与其他高校和机构的合作，充分整合各方资源与优势，实现共同开发，保证课程的质量。高校应坚持有所为且有所不为，把主要精力用于课程建设、教学组织实施、教学评价和反馈等学术性学习支持服务，而将一些非学术性的支持服务委托给市场来做。

4. 加强教师培训

高校应提升教师网上授课的能力，引导教师研究网络环境下教与学的组织和实施，为 MOOCs 发展做好人才准备。

第十五章　教育信息化推动教育变革的行动方案——基于高等教育视角

在较短的时间内，我国高等教育从精英教育阶段迈入了大众化教育阶段，实现了高等教育的跨越式、超常规发展。而要解决如何面对高等教育的超常规发展并实现超常规发展后的科学、可持续发展这一问题，则需要一种新的发展战略和发展思路。这种新的战略和思路指向高等教育的转型发展，即实现高等教育发展模式的转变，由外延式规模扩张的发展模式转向内涵式质量提升的发展模式。当前我国高等教育的转型发展既需要调整高等教育的外部关系，又需要推进高等教育的内部改革。随着高等教育改革张力和内部关联程度不断加大，单一方面的改革已经难以实质性地推进，迫切需要加强整体设计和系统改革，对现有的体制与结构进行改革。

当前，从信息化发展的角度来看，由技术推动的教育革命性变革已经开始。这种变革不是传统意义上的改良，而是由生产力发展引起的生产关系变化。尽管与商业领域和金融领域相比，教育领域的变革略慢一步，但这种变革已经发生。它是一种革命性的变化，是组织架构、资源配置方式、价值取向以及教学结构等的体系性变化。教育体系性变革是社会发展的必然趋势。

在现代信息技术的推动下，传统的教育系统正面临着历史性的解构与重建，现代信息技术正在汇聚和重组高等教育的各种要素和资源，推动新的教育服务模式和教育形态产生。由 MOOCs 引起的在线教育变革和发展是一个重要的着力点，也是能够引发教育整体变革、构建新型教育生态系统的关键。而要利用 MOOCs 推动教育整体变革，就要立足我国教育发展的现阶段特征，明确我国教育发展的现状、面临的形势及综合改革的主要任务。这是构建“互联网＋”新型高等教育生态系统的现实基础。

一、当前我国高等教育综合改革的关键问题和环节

高等教育综合改革虽然是系统性的整体改革，但在具体的推进过程中应把握改革的关键环节，以点带面，稳步推进。准确判断当前我国高等教育综合改革的关键问题和环节，是借助 MOOCs 或利用现代信息技术推动高等教育改革的基础性工作。通过对近期我国有关高等教育的政策、文件进行梳理，可以相对准确地判断当前我国高等教育综合改革的关键问题和环节。

2010 年 5 月，《国家中长期教育改革和发展规划纲要(2010—2020 年)》提出要推动高校创新组织模式，促进高校、科研院所、企业科技教育资源共享，创立高校与科研院所、行业、企业联合培养人才的新机制。该文件从多元主体合作培养人才与资源共享的角度论述了高校组织模式创新的问题。

2010 年 12 月，《国务院办公厅关于开展国家教育体制改革试点的通知》印发，在关于高等教育的专项改革试点中鲜明地提出要改革人才培养模式，提高高等教育人才培养质量，包括教学模式创新以及招生考试制度、学分认证制度等教育制度改革。

2013 年 11 月，《中共中央关于全面深化改革若干重大问题的决定》提出要深化教育领域综合改革，加快现代职业教育体系建设，深化产教融合、校企合作；推进考试招生制度改革；试行普通高校、高职院校、成人高校之间学分转换，拓宽终身学习通道；同时也涉及了教育组织模式和教育制度创新的问题。

2014 年 5 月，国务院发布的《关于加快发展现代职业教育的决定》提出要充分发挥市场机制作用，引导社会力量参与办学，并要探索发展股份制、混合所有制职业院校，允许以资本、知识、技术、管理等要素参与办学并享有相应权利。这一政策文件也关注了职业教育领域的高等教育组织模式改革创新问题。

2014 年 9 月，《国务院关于深化考试招生制度改革的实施意见》专门对我国教育制度中的考试招生制度改革进行了阐释。

2015 年 7 月，《国务院关于积极推进“互联网＋”行动的指导意见》提出要加快高等教育服务模式变革。高等教育服务模式的变革不是仅把传统的校园面对面教育服务转变成网上服务，其本质是围绕大规模个性化的学习所进行的高等教育服务模式的根本变革。

2017 年 9 月，中共中央办公厅、国务院办公厅印发《关于深化教育体制机制改革的意见》，提出系统推进育人方式、办学模式、管理体制、保障机制改革，涉及教育的育人模式、办学模式、治理模式和教育制度等。

2018 年 4 月，教育部发布《教育信息化 2.0 行动计划》，提出“努力构建‘互联网＋’条件下的人才培养新模式、发展基于互联网的教育服务新模式、探索信息时代教育治理新模式”的基本目标。

2019 年 2 月，《中国教育现代化 2035》正式发布，提出要深化教育领域综合改革，充分运用新技术、新机制、新模式，创新教育服务供给方式。信息化是教育现代化的重要内容，也是推进教育现代化的关键途径，要推动教育组织形式和管理模式的变革创新。

通过对近些年我国教育领域尤其是高等教育领域政策文件的分析可以看出，在我国推动高等教育综合改革的过程中，高等教育的组织模式、服务模式、教学模式、教育制度等一直是重点关注的关键环节。这些高等教育综合改革的关键环节也是高等教育体系变革的重要方向，应以推动高等教育组织模式、服务模式、教学模式和教育制度的变革来构建新型高等教育体系。互联网的创新价值不仅体现在技术本身所产生的便捷性、快速性，还体现在互联网的开放、共享、组织流程再造、大数据等特征对于既有模式和组织体系的解构与重组，这是“互联网＋”时代高等教育信息化的本质。由“教育＋互联网”转向“互联网＋教育”，这使得教育信息化在新阶段转变为全新的范式，即由通过现代信息技术在既有教育框架内强化、完善传统教育，转变为打破既有教育框架以推动教育整体变革，以现代信息技术为支撑和创新要素，构建全新的高等教育体系。这应成为“互联网＋”时代高等教育改革的价值追求，也应成为高等教育信息化的价值追求。

"互联网＋教育"要求突破在原有教育模式下的教育教学的局限，充分发挥互联网的跨界、扁平、去中心、免费、开放等特点，重新构建教育的组织服务模式，强调知识观、学习观、教育生态的变化。积极推动现代信息技术和教育的深度融合，既是当前我国高等教育信息化向新阶段过渡的内在要求，也是当前我国教育综合改革的必然选择。我们需清醒地认识到，深度融合阶段的教育信息化变革的价值取向必须由强化完善既有教育模式转向推动教育的整体变革。

二、推动教育整体变革的路径选择

1. 推动教育组织服务模式变革

我国应打破政府办教育、学校提供教育服务的认识局限，推动教育组织服务模式变革。建议充分发挥互联网组织流程再造特点的作用，重新构建教育服务流程和模式；积极推动互联网企业用创新模式重构教育服务模式，如以百度文库为核心的基础教育资源服务，以淘宝同学为代表的互联网 P2P 教育服务，以微信、微博为代表的基于社交媒体的学习服务，以及以华文慕课、学堂在线等为代表的使用 MOOCs 重构教学服务模式的尝试，从而真正引入互联网改造传统教育组织服务模式。学校等办学机构在把握自身核心业务的前提下，应积极引入社会力量，使其以多种方式充分进入教育服务领域。国家应允许企业及其他社会力量以资本、技术等参与办学服务，建立政府、高校、企业、社会机构同为办学与服务主体，多方合作共赢的教育组织机制和服务模式，实现政府、产业、学校、研究等各方面的协同创新。

我国教育综合改革的目标是建立一个终身化、个性化、开放的教育体系，教育体系的开放性不只体现为对学习者的开放，还应体现为对教育服务机构和个人的开放，即开放的教育体系要允许有教育服务能力且能保证服务水平的机构和个人都能进入教育服务领域为学习者提供教育服务。我国要通过政策引导和支持，让教育领域成为大众创业、万众创新的广阔天地：首先，进一步向各类办学服务机构开放教育服务领域，把更多具有教育功能的机构纳入我国终身教育体系，让更多非正规、非正式教育机构的资源服务得到发展；其次，打破单一机构独立提供教育服务的组织模式壁垒，推动我国教育机构以联盟合作等方式整合现有教育资源，促进资源共建共享，完善教学管理、学籍管理等制度，将某一学校的课程、某一学校的学生、某一学校的教师及某一学校的学分转变为共同的课程、共同的学生、共同的教师和公认的学分；最后，破除统一、标准化的服务模式，转向私人定制化服务，从学习者个体的需求出发，提供个性化的学习内容、资源、方法、环境等。

2. 依托互联网力量变革教学模式

《教育信息化十年发展规划(2010—2020年)》提出，要加快对课程和专业的数字化改造，创新信息化教学与学习方式，提升个性化互动教学水平，创新人才培养模式，提高人才培养质量，并在2020年高等教育信息化发展水平框架中指出了包含"信息技术与教学深度融合的教学模式、方法、内容创新应用"的人才培养模式创新。

教育改革的关键在于教学改革，传统的教学改革强调师资变革，但在"互联网+教育"战略改革中更重要的是依托互联网力量变革教学模式。MOOCs并不是在线教育领域教与学的创新，而是互联网服务模式在高等教育领域的应用，引发高等教育服务模式的创新。我国在部署国家在线教育建设时，应突破原有在线教育的既有模式，充分整合传统教育和在线教育各自的特点，以此为契机整合校内教学和在线教学、正式学习和非正式学习，从而形成高等教育新型生态系统，促进符合中国国情的"互联网+教育"在高等教育领域内的变革。

我国应转换师资队伍建设和专业发展的固有模式，以扁平化和去中心化为核心。首先，突破传统教师资格证的限制，使教师能够做到学高为师、身正为范，并有能力依托互联网提供相应的教学服务；基于用户(学生)评价创新激励机制，形成基于互联网的教学及服务团队。其次，构建基于Web 2.0的教师专业发展网络，以同伴互助为核心，打破原有自上而下的效率较低的教师专业发展模式，建立基于互联网的教师专业发展机制，推进管理模式和教育模式的创新。

3. 构建高等教育国家公共服务平台

公共服务平台的建设在于聚合资源，实现资源开放和共享；也在于聚合学习者学习数据和管理数据，为大数据的收集、分析、应用提供支持。我国应完善教育信息化均衡投入的长效机制，在加大各级政府、教育行政部门对教育信息化投入总量的基础上，积极利用如腾讯、阿里巴巴、百度等专业技术公司的力量和社会资本，加强对大数据、云计算、物联网等新兴技术的研究应用；在“三通两平台”工程建设的基础上，改变传统的政府主导的建设思路，以委托建设或购买服务的方式，以互联网企业为核心，搭建综合公共服务平台，制定出“互联网＋教育”的综合技术解决方案。

我国应以平台为依托，推进高等教育数字资源建设与共享。国家教育行政部门应尽快建立以 MOOCs 为代表的数字课程和资源的建设规范和课程认证体系，引导各级各类平台和联盟建立完善的 MOOCs 建设和引进标准，形成科学合理的准入与退出机制。从组织机制、运行机制、课程建设机制、共享机制等多个方面探索国家高等教育优质数字资源公共服务平台的建设模式、运营机制，引导建设各类高等教育优质网络课程和数字资源库，探索建立优质网络课程和数字教育资源的共建共享机制，为高校、学习者提供优质教育服务。

4. 建立在大数据支撑下科学发展的高等教育

我国的教育大数据建设是教育信息化的重要组成部分，近年来国家不断倡导和推动教育大数据发展。2012 年教育部印发的《教育信息化十年发展规划(2011—2020 年)》明确指出，要“建立数据采集、交换共享、管理与应用的技术平台与工作机制，建立教育管理信息安全保障体系，衔接各级各类教育管理信息系统与基础数据库，实现系统互联与数据互通，建设纵向贯通、横向关联的教育管理信息化体系”。2015 年 9 月，教育部办公厅印发《关于“十三五”期间全面深入推进教育信息化工作的指导意见(征求意见稿)》，提出“要实现学生学习过程、实践经历记录的网络学习空间呈现；依托网络学习空间逐步实现对学生日常学习情况的大数据采集和分析，优化教学模式”。2015 年 9 月，国务院公开发布《促进大数据发展行动纲要》，提出“推动大数据与云计算、物联网、移动互联网等新一代信息技术融合发展，探索大数据与传统产业协同发展的新业态、新模式”；规划了 10 个大数据工程，并在公共服务大数据工程中明确提出要建设教育文化大数据。我国教育大数据的应用已经起步，正步入快速发展阶段。政府出台各种文件推动教育大数据发展，教育领域对大数据应用有巨大需求，各类相关企业的数据积累和技术积累为教育大数据产业的蓬勃发展提供了基础支撑。

我国高等教育面临资源配置的公平与效益、教育质量的提升、学生的个性化发展三大时代命题，大数据为破解这些难题提供了全新的思路和解决方案。我国高等教育的综合改革与发展必须建立在由大数据支撑的科学判断与决策的基础之上，对教育大数据的研发与应用来说，核心工作是围绕数据资源的生成、存储、清洗、分析、应用、共享和管理的全流程共性技术和标准的研发与示范应用，建立起对教育过程数据进行伴随式全面采集的完整流程，同时打通已有海量教育政务数据、教育教学数据与新生成数据的汇聚共享渠道，为教育大数据的分析应用提供坚实基础。

高等教育领域的大数据技术应用要突出“互联网＋”的大数据特点，以教育大数据为核心，实现个性化学习，促进教育质量的提升。以在线教育公共服务平台为基础，积累学生在线学习的各类行为数据，进行教育数据挖掘，探索我国学习者独特的在线学习规律，并形成个性化学习服务解决方案。国家应鼓励和扶持一批专门从事教育数据挖掘的机构和企业，通过国家平台将数据汇聚至中国教育大数据中心，在3～5年内建立起教育数据挖掘应用的基础环境。通过教育数据的汇集、分析与挖掘技术的研发和应用，动态监测教育发展状况，深度洞察教育现象的深层逻辑，有效预测教育发展走向，为解决现实的教育治理难题、促进教育决策的科学化和治理过程的精细化提供全新的技术支撑。

三、建立健全教育制度

“互联网＋教育”需要在质量保证机制上适应互联网灵活、多样、扁平化的特点。从国际经验来看，欧美诸多国家都建立了国家资历框架制度，将正规教育、非正规教育统一纳入框架体系，这也是学习型社会建设的核心保障制度。

1. 推进国家资历框架制度建设

不同教育领域、系统和地区间的学习成果认证、积累和转换制度都以资历框架制度为前提。英国、澳大利亚、南非等150多个国家及我国香港特别行政区都建立了或正在建设国家或地区的资历框架，以解决资格分级、分类、注册、发布等问题，建立各级各类学习成果衔接和沟通的机制，将国民的正规教育、非正规教育统一纳入框架体系。资历框架是用来整理和编排学历、促进和提倡终身学习的拟定结构或体系。它是一个资历等级体系，可以整理主流教育、职业培训和继续教育等方面的资历，适用于各类教育经历和工作经历。各类教育系统和职业领域可以进入资历框架，细化本领域各等级的指标，实现同水平各类学习成果的相互认可。建立资历框架是终身教育体系建设的制度创新，是一项基础性、先导性工作，也是突破当前我国终身教育的制度瓶颈，切实推进我国终身教育实践的关键，更是实现教育和劳动力市场有效沟通和衔接的制度基础。我国国家资历框架制度建设要注重以下两点。

(1)从国家层面推动资历框架建设

建设资历框架不仅是教育发展的内在要求，也是21世纪促进公民自身发展的制度基础，还是我国人力资源发展战略的关键。资历框架的构建是由政府主导的体制机制创新实践，是公共政策的构建过程。资历框架的建设不仅是教育系统的问题，还需要在国家层面统筹规划教育、人力资源和社会保障等各部门以及各行业领域，共同完成这一体制机制创新。我国应借鉴国外相关经验，由国务院协调人力资源和社会保障部、教育部等部委，以多方联合的方式加快制定我国的资历框架制度。应优化顶层设计，构建资历框架的制度基础和实施策略，以国家人力资源建设战略目标为导向，以市场人才需求为核心，结合各类教育人才培养的针对性，建设能够支持我国可持续发展并与国际接轨的多层级资历框架体系，形成资历框架一般知识和能力标准体系，并在此基础上与各行业统筹建设适合行业的专门知识和能力标准体系，最终形成覆盖全社会各行业的国家资历框架；在此基础上，建立我国的学习成果认证、积累和转换制度，将所有正规、非正规和非正式的学习成果纳入统一体系，真正建立灵活、开放的学习制度。

(2)加快推进国家终身教育立法

资历框架从标准制定到具体组织实施是一个复杂的公共政策构建过程，需要通过法律和政策的制定构建资历框架的制度基础，然后依据相关法律和政策设立相应的组织机构作为资历框架的实施主体。美国、日本、韩国等国家和我国香港特别行政区都通过终身学习立法专门规范学习成果认证以及学分存储和转化等的基本制度、实施和应用模式，通过法律为资历框架的建设和实施提供保障。为了切实推进国家资历框架的建设和应用，我国应推进国家终身学习立法工作。目前，我国福建、上海等地出台了区域性终身教育促进条例，北京也将地方性终身教育促进条例纳入立法程序。但是，国家层面的终身教育法律尚未开始研究和制定。如果不尽快着手制定国家层面的法律，我国资历框架的应用和实施进程则必会受到影响，国家层面的终身教育立法工作迫在眉睫。资历框架是涉及多部门、多行业以及每个国民的学习制度基础，有法可依是该框架能够得到有效实施的保障，国家应尽快开展调研，制定国家终身教育法律，将资历框架确定为我国终身教育的基本制度。

2. 进一步完善教育质量保障制度

资历框架制度为各类教育经历的成果认证、积累和转换提供基础制度支撑，但各类教育经历的相互承认以及教育和劳动力市场的有效沟通和衔接除需要基础制度作为保障外，还需要各类教育之间质量的相互认可。①

教育质量保障制度是实施学习成果认证、积累与转换工作的一项重要制度设计，它是保证学分认证、积累和转换的重要前提。质量保障制度除确保内部教育活动符合标准要求外，也让外界相信机构能够提供质量合格的教育服务，得到外界对教育质量的认可。教育质量保障制度包括质量保障标准与质量保障机制两个基本层面。教育质量保障标准是教育实施过程中教育教学各环节应达到的工作水平，将标准进一步量化则得到质量指标，它是检验教育实践是否达到要求的具体观测点。教育质量保障标准具有很强的指导性，它不仅可以测量教育机构的教育实践，

---

① 陈丽、郑勤华、谢浩等：《国际视野下的中国资历框架研究》，载《现代远程教育研究》，2013(4)。

而且可以为办学机构指明运行方向，引导其制定教育发展目标。教育质量保障机制面向具体的质量保障组织实施，包括质量保障机构的建立与管理、质量保障实施程序等。它是运用质量保障标准，对办学机构的办学质量进行指导与监测的工作组织程序。

目前，我国传统高等教育仍不太认可各类成人教育的证书和文凭，也存在用人单位歧视成人教育证书和文凭的现象。造成这种现象的根本原因也是制度问题，即我国尚未建立国家层面的各类教育质量保障制度，集中体现为质量保障标准的缺失及质量保障机制的不完善。以我国高校现代远程教育的发展为例，在我国高校现代远程教育长期发展的过程中，教育行政部门出台了大量规范性文件，这些文件多以规定、要求、要点、大纲的形式出现，从质量保障的角度来看并没有制定出明确的质量保障标准，更没有形成清晰的指标体系。即便是已经比较成熟的年报年检制度，也仅制定了现代远程教育试点高校网络教育年度工作自检要点，实际运行中的价值追求偏向于年度办学数据统计和情况摸排，没有充分体现促进办学机构内省与质量改进的价值。从某种程度上讲，这些规定、要求、要点仅能算作我国现代远程教育质量保障标准的萌芽，远没有达到质量保障标准的水平。

我国高等教育质量保障体系是使政府作为高校的直接管理者这一理念制度化，从而建立并逐步发展起来的。① 我国高校现代远程教育的外部质量保障本质上是由政府控制和决定的行政管理模式，政府占据绝对主导地位，教育行政部门不仅履行质量保障决策的职能，也发挥监督的职能，还主导规则的制定和一些具体措施的运行。我国高校现代远程教育行业组织发展极为缓慢，其在质量保障中的作用更多为国家教育行政部门职能的延伸，没能独立开展质量保障工作。社会第三方机构由于种种原因难以进入高校现代远程教育质量保障体系。过于依赖教育行政部门使这一质量保障体系相对封闭和孤立，政府绝对主导的质量保障模式也与教育综合改革中构建政府、学校和社会新型关系的大方向不一致。

联合国教科文组织与我国教育部在 2015 年举办的国际教育信息化大

---

① 郭平、田联进：《我国高等教育质量保障体系现状与对策建议》，载《中国高教研究》，2011(12)。

会上通过了《青岛宣言》。宣言提出，质量保障和成果认定对于增强在线学习的相关性和可信性，支持终身学习、职业发展与岗位流动来说，是十分关键和密切关联的要素。为了使社会认可各类教育的质量，国家应在建立资历框架的基础上，构建各级各类教育的质量标准，并纳入第三方评估与认证机构，以实现真正意义上的质量保证。

(1)研究制定教育质量保障标准

从国际经验来看，不同国家依据各自的国情采用了不同的质量保障标准。美国高等教育认证制度中的质量保障标准由不同的认证机构各自制定，并据此对院校和专业进行认证。这些认证标准以引导性的定性描述为主，逐渐抛弃了以具体的量化指标进行测量的价值追求，转变为引导学校或专业注重自身质量建设。在加拿大，按照法律规定，教育由各省负责，因此加拿大没有国家层面的教育行政机构，也没有国家层面的教育质量保障机构，其教育管理重心落在省级政府和教育行政部门，各省设置类似教育质量委员会的机构。以阿尔伯塔省教育质量委员会为例，该委员会颁布了严格的质量保障标准，并且针对远程教育出台了专门的附加标准。远程教育项目除要满足该省教育的一般标准外，还要在机构使命、办学项目、合作协作、风险管控、信息安全、知识产权、技术支持与更新、项目发展计划、网络学习环境、课程建设、学习者支持、软硬件建设、教师支持等诸多方面达到省教育质量委员会的专门标准。

我国应充分学习借鉴国外已有的高等教育质量保障标准，结合我国高等教育发展的实际，尽快出台国家层面的高等教育质量保障标准。国家教育质量保障标准作为最基础的标准，在质量保障中发挥着基础性和引导性作用。质量保障的重要原则之一就是避免出现在单一指标或证据的基础上评价学生、项目或学校的表现的情况。国家教育质量保障标准绝不能是评价一切机构与课程的唯一标准，它仅是最为基础的指导性标准。不同质量保障机构和办学机构在国家质量保障标准的基础上，根据自身情况制定相应的质量保障标准，实现质量保障标准统一性和多元性的统一。针对高等教育领域不同的教育类型与形式，也应形成专门的质量保障标准。

(2)完善国家教育质量保障机制

伯顿·克拉克曾把高等教育系统的协调看作国家、市场和学术三股力量之间的博弈、制衡，并构建了学术权威、国家权力及市场力量三足鼎立的三角协调模型。[①] 构建政府、学校、社会之间的新型关系也是当前教育领域综合改革大的方向。“加强社会治理制度建设，完善党委领导、政府负责、社会协同、公众参与、法治保障的社会治理体制，提高社会治理社会化、法治化、智能化、专业化水平”是十九大报告提出的“打造共建共治共享的社会治理格局”方面的战略举措之一。国家教育质量保障机制的建立和完善要协调好政府、学校和社会的关系，避免政府机构总揽一切的取向。

长期以来，在我国的教育质量保障体系中，教育行政部门一直是质量保障的主体。集中控制和完全非政府监督这两个极端都是不可取的，向政府、社会和保障机构协同的时代迈进是大趋势。[②] 在转变政府职能、进一步简政放权的背景下，教育行政部门应重新确定自己在高等教育质量保障中的角色与功能，以发挥决策职能为主，退出具体执行领域，由直属的专门质量保障机构、独立的行业组织和社会第三方专业评估机构实施质量保障。各级教育行政部门之间以及同级教育行政部门的不同业务部门之间应理顺关系，充分调动省级教育行政部门在现代远程教育质量保障中的积极性。

三角协调模型中的学术权威与市场力量在高等教育质量保障中发挥作用所依托的主体是行业组织和社会第三方专业机构。目前我国高等教育质量保障体系中学术权威与市场力量的作用是很薄弱的。我国应加强行业组织的建设，增强学术权威对质量保障的影响，使其在质量保障中发挥主体作用；要充分发挥如高校现代远程教育协作组等已有的政府职能延伸型行业组织的作用，代表国家权力和学术权威参与质量保障，发挥管理性引导作用；还要加强院校权力延伸型行业组织的建设，代表学

---

① 转引自吴佳妮：《美国高等教育质量保障体系中的权力博弈：学术、国家、市场的三角关系变迁》，载《比较教育研究》，2012(7)。

② 林梦泉、唐振福、杜志峰：《国际高等教育质量保障热点问题和发展趋势——近年来高等教育质量保障机构网络组织(INQAAHE)会议综述》，载《中国高等教育》，2013(1)。

术权威参与质量保障，发挥学术性引导作用。衡量质量的标准之一是对需求的满足程度，市场力量正是从学习者、用人单位和社会需求的角度来评价和影响质量的。我国应注重通过社会第三方专业机构引入市场力量，发挥市场在质量保障中的需求导向作用。质量保障机构能否独立运行，能否按照既定标准不受干扰地开展质量保障工作，直接影响质量保障能否实现有效性、公正性，应保障行业组织、社会第三方专业机构参与质量保障的独立性，尤其是其专业的独立性。

机制是组织功能实现过程中的规则性动态体现，机制合理与否关系到功能发挥的好坏。质量保障体系是一个系统，其不同元素间的相互关系影响整体功能的发挥，而质量保障主体是众多元素中的重要部分，其关系的合理性也会影响质量保障效果。由于不同主体参与质量保障的出发点与动机不同，其参与质量保障的角度和标准亦有差异，任何一方主体作用的凸显都会影响其他主体功能的发挥。建立合理的质量保障运行机制的目的在于充分发挥不同主体的积极作用，并合理约束其作用边界，本质上是重新认识和构建国家权力、学术权威和市场力量所依托的主体之间的关系。合理的运行机制首先要明确不同质量保障主体的运行关系，实现分工、协作和对接，使政府、高校、学习者、社会和用人单位等不同利益主体共同参与质量保障，实现公共利益最大化；其次要明确每一主体参与和实施质量保障的规则与程序，使每一主体的作用在规则范围内得到最大限度的发挥。

3. 尽快完善学分银行制度

建立学分银行制度已成为世界众多国家教育改革和发展的重要趋势，如美国学分衔接和转移政策、欧洲学分转换与积累系统、英国资格框架、澳大利亚职业资格框架、韩国学分银行制度、加拿大的学分转移制度等。搭建终身学习"立交桥"，实现各级各类教育纵向衔接、横向沟通，需要学分银行制度的支撑。我国在学习成果认证、积累和转换等方面早已进行了一些有益的探索实践，如上海、陕西、江苏、山东等地的高校联盟以及北京学院路地区高校教学共同体等。在此基础上，我国应加快推进学分银行的建设。

首先，国家应在已有地区性实践的基础上加快研究、建立我国的学分银行制度，在国家资历框架的基础上制定学分认证标准，完善学分转移、积累程序，建立个人终身学习档案。

其次，结合世界一流大学、一流学科建设，积极推进我国高水平大学及其他高校依托优势学科建设并开放 MOOCs，将之作为世界一流大学、一流学科建设的重要任务和我国教育组织模式创新的突破口。

最后，要完善相关制度，引导各类学习者注册学习 MOOCs，对学习成果给予认定，所获得的学分可以在不同的机构间互认。

教育制度是教育生态环境中的软环境，对"互联网＋"新型高等教育生态系统所要实现的开放、灵活、大规模、个性化教育起着基础性的支撑作用。没有教育制度的创新，新型高等教育生态系统的建立就难以实现。学习成果认证、积累与转换制度是这一教育体系开放性的制度性体现，它规定和约束着新型高等教育生态系统的开放性与承载力，影响着教育组织模式、服务模式创新的实现程度。我国学习成果认证、积累与转换制度的建立已具备了丰富的实践基础、坚实的政策基础及厚实的理论基础，国家应尽快探索建立以国家资历框架为基础的学习成果认证、积累与转换制度。教育质量保障制度是确保各级各类学习成果认证、积累与转换的重要制度设计，质量保障标准引导教育服务机构为个体学习者提供个性化服务，而质量保障机制则规定了各级教育行政部门、行业组织、第三方机构等各类质量保障机构在教育质量认证与监测方面的职能与运行规则。这两项制度的建立既是当前我国教育综合改革须重点关注的问题，也是"互联网＋"新型高等教育生态系统重要的环境构成。

致　谢

本书是国家社会科学基金“十二五”规划2014年度教育学重点课题“教育信息化与大型开放式网络课程(MOOCs)战略研究”(课题批准号:ACA140009)的重要成果。在课题研究过程中，我们得到了郝克明、刘贵芹、程建钢、张少刚、李克东、祝智庭、黄荣怀等专家学者的大力支持，在此表示衷心的感谢。感谢北京师范大学周作宇教授及其团队，北京大学郭文革教授及其团队，浙江大学张剑平教授、郭玉清副教授及其团队，清华大学韩锡斌副教授及其团队，华南师范大学谢幼如教授及其团队，华东师范大学刘名卓副研究员及其团队，国家开放大学杨孝堂研究员及其团队，他们的加入让项目研究有了坚实的支撑。

感谢北京师范大学出版社提供了出版该书的机会。在本书的出版过程中，我们得到了北京师范大学出版社陈红艳、鲍红玉、张筱彤等老师的热情帮助，在此表示感谢!

图书在版编目(CIP)数据

教育信息化与慕课发展战略研究/林世员，郑勤华著. —北京 ：北京师范大学出版社，2020.1

ISBN 978-7-303-24715-8

Ⅰ.①教… Ⅱ.①林… ②郑… Ⅲ.①教育工作—信息化—研究 ②网络教学—教学研究 Ⅳ.①G43

中国版本图书馆 CIP 数据核字(2019)第 090801 号

营 销 中 心 电 话　010-57654738　57654736
北师大出版社高等教育与学术著作分社　http://xueda.bnup.com

JIAOYU XINXIHUA YU MUKE FAZHAN ZHANLYUE YANJIU
出版发行：北京师范大学出版社　www.bnup.com
北京市西城区新街口外大街 12-3 号
邮政编码：100088
印　　刷：北京玺诚印务有限公司
经　　销：全国新华书店
开　　本：787 mm×1092 mm　1/16
印　　张：12.5
字　　数：184 千字
版　　次：2020 年 1 月第 1 版
印　　次：2020 年 1 月第 1 次印刷
定　　价：46.00 元

策划编辑：鲍红玉　　责任编辑：齐　琳　张筱彤
美术编辑：李向昕　　装帧设计：李向昕
责任校对：包冀萌　　责任印制：马　洁